D1562482

# Las cautivas

# Annick Cojean

# Las cautivas

## El harén oculto de Gadafi

Ⓐ *Editorial El Ateneo*

Cojean, Annick
   Las cautivas : el harén oculto de Gadafi. - 1a ed. - Buenos Aires : El Ateneo, 2013.
   272 p. ; 23x16 cm.

   Traducido por: Silvia Kot
   ISBN 978-950-02-0714-0

   1. Historia Universal. I. Kot, Silvia, trad. II. Título
   CDD 909

*Las cautivas. El harén oculto de Gadafi*
Annick Cojean

Traductora: Silvia Kot
Título original: *Les proies. Dans le harem de Kadhafi*
© Editions Grasset & Fasquelle, 2012

Diseño de interiores: María Isabel Barutti
Diseño de tapa: Eduardo Ruiz

Derechos exclusivos de edición en castellano para América latina
 © 2013, Grupo ILHSA S.A. para su sello Editorial El Ateneo
Patagones 2463 - (C1282ACA) Buenos Aires – Argentina
E-mail: editorial@elateneo.com

Agosto de 2013

ISBN 978-950-02-0714-0

*Obra publicada por Editorial Hiperlibro S.A. de C.V.*
*para su venta exclusiva en México,*
*con autorización de Grupo Ilhsa S.A.*
*para su sello editorial El Ateneo.*

Impreso en agosto por Tinta, Letra, Libro, S.A. de C.V.,
Mar Cantábrico No 20, Col. Popotla
Del. Miguel Hidalgo, C.P. 11400
México, Distrito Federal.

Impreso en México / *Printed in Mexico*

*A mi madre, siempre.*
*A Marie-Gabrielle, Anne, Pipole, esenciales.*

*A S.*

# ÍNDICE

## Parte II

## La investigación

*Nosotros, en la Yamahiriya y la gran revolución, afirmamos nuestro respeto por las mujeres y alzamos nuestra bandera. Hemos decidido liberar totalmente a las mujeres de Libia para rescatarlas de un mundo de opresión y sometimiento de manera que sean dueñas de su destino en un medio democrático, en el que tengan las mismas oportunidades que los demás miembros de la sociedad. (...)*

*Llamamos a una revolución para la liberación de las mujeres de la nación árabe: esta es una bomba que sacudirá a toda la región árabe y hará que las prisioneras de los palacios y de los mercados se rebelen contra sus carceleros, sus explotadores y sus opresores. Este llamamiento encontrará sin duda ecos profundos y tendrá repercusiones en toda la nación árabe y también en el resto del mundo. Hoy no es un día común y corriente, sino el comienzo del fin de la era del harén y de las esclavas.*

Muamar el Gadafi, 1º de septiembre de 1981, aniversario de la revolución, al presentar ante el mundo a las primeras diplomadas de la Academia Militar de las Mujeres.

# PRÓLOGO

En el comienzo de todo, está Soraya.

Soraya y sus ojos de crepúsculo, sus labios enfurruñados y sus sonoras carcajadas. Soraya, que pasa rápidamente de la risa a las lágrimas, de la exuberancia a la melancolía, de una dulce ternura a la brutalidad de una mujer que está en carne viva. Soraya y su secreto, su dolor, su rebelión. Soraya y la historia demencial de una niña alegre arrojada a las garras de un ogro.

Fue ella quien desencadenó este libro.

La conocí en uno de esos días de júbilo y caos que siguieron a la captura y la muerte del dictador Muamar el Gadafi en octubre de 2011. Yo había viajado a Trípoli enviada por el diario *Le Monde*. Fui a investigar el papel que habían desempeñado las mujeres en la revolución. Era una época febril y el tema me apasionaba.

Yo no era una especialista en Libia. De hecho, desembarqué allí por primera vez, fascinada por la increíble valentía que demostraron los combatientes para derrocar al tirano instalado en el poder desde hacía cuarenta y dos años, pero profundamente intrigada por la total ausencia de mujeres en filmaciones, fotos y crónicas aparecidas en los últimos meses. Las demás insurrecciones de la primavera árabe y el viento de esperanza que había soplado sobre esa región del mundo habían revelado la fuerza de las tunecinas, omnipresentes en el debate público; la audacia de las egipcias, que salieron a manifestar, corriendo todos los riesgos, en la plaza Tahrir de El Cairo. Pero ¿dónde estaban las libias? ¿Qué habían hecho durante la revolución? ¿Anhelaban que se produjera, la iniciaron, la apoyaron? ¿Por qué se escondían? O, lo más probable, ¿por qué las ocultaban, en ese país tan desconocido, cuyo grotesco líder confiscó la imagen y convirtió a sus guardaespaldas femeninas –las famosas amazonas– en el símbolo de su revolución?

Algunos colegas masculinos que habían seguido la rebelión de Bengasi en Sirte me confesaron que solo se habían cruzado con unas pocas sombras furtivas envueltas en velos negros: los combatientes libios les habían negado sistemáticamente el acceso a sus madres, esposas o hermanas. "¡Quizá tú tengas más suerte!", me dijeron, un poco burlones, convencidos de que, de todos modos, en ese país, nunca son las mujeres quienes escriben la historia. Sobre el primer punto, no se equivocaban. En los países más cerrados, ser una periodista mujer representa la maravillosa ventaja de tener acceso a toda la sociedad, y no solo a su población masculina. De modo que me bastaron algunos días y varios encuentros para entender que el papel de las mujeres en la revolución libia no solo había sido importante, sino crucial. Las mujeres, me dijo un jefe rebelde, constituyeron "el arma secreta de la rebelión". Alentaron, alimentaron, escondieron, transportaron, equiparon, informaron a los combatientes. Consiguieron dinero para comprar armas, espiaron para la OTAN a las fuerzas gadafistas, desviaron toneladas de medicamentos, incluso en el hospital dirigido por la hija adoptiva de Muamar el Gadafi (sí, la que él hizo pasar –falsamente– por muerta tras el bombardeo norteamericano a su residencia en 1986).

Las mujeres corrieron enormes riesgos: ser detenidas, torturadas y violadas. Porque la violación –considerada en Libia como el mayor de los crímenes– era una práctica habitual, y fue declarada arma de guerra. Las mujeres se comprometieron en cuerpo y alma con la revolución. Enfurecidas, sorprendentes, heroicas. Una de ellas me dijo: "La verdad es que las mujeres tenían una cuenta personal que arreglar con el coronel".

Una cuenta personal... No entendí en un primer momento el significado de esas palabras. El conjunto del pueblo libio, que acababa de soportar más de cuatro décadas de dictadura ¿no tenía acaso una cuenta común que arreglar con el déspota? Confiscación de derechos y libertades individuales, represión sangrienta contra los opositores, deterioro de los sistemas de salud y de educación, estado desastroso de las infraestructuras, pauperización de la población, destrucción de la cultura, malversación de los ingresos petroleros, aislamiento en el escenario internacional... ¿Por qué esa "cuenta personal" de las mujeres? ¿Acaso el autor del *Libro Verde* no había proclamado siempre la igualdad entre hombres y mujeres? ¿No se había presentado permanentemente como su decidido defensor, al fijar los veinte años como la edad legal para casarse, al denunciar la poligamia y los abusos de la sociedad patriarcal, otorgarle a la mujer divorciada más derechos que en muchos otros países musulmanes y abrir a postulantes de todo el mundo una Academia Militar para mujeres? "¡Mentira, hipocresía, farsa!" –me dijo más tarde una renombrada jurista–. Todas éramos sus potenciales víctimas".

En ese momento conocí a Soraya. Nuestros caminos se cruzaron en la mañana del 29 de octubre. Yo estaba terminando mi investigación y debía dejar Trípoli al día siguiente para volver a París, vía Túnez. Regresaba sin estar convencida de haber terminado del todo mi trabajo. Había obtenido, es cierto, una respuesta a mi primera pregunta sobre la participación de las mujeres en la revolución, y me llevaba una gran cantidad de historias y relatos detallados que ilustraban su lucha. ¡Pero quedaban tantos enigmas pendientes! Las violaciones en masa perpetradas por los mercenarios y las fuerzas de Gadafi constituían un tabú infranqueable e involucraba a autoridades, familias y asociaciones femeninas en un silencio hostil. La Corte Penal Internacional, que había iniciado una investigación, también se enfrentaba a las peores dificultades para acceder a las víctimas. En cuanto a los sufrimientos de las mujeres anteriores a la revolución, solo eran mencionados en forma de rumores, con fuertes suspiros y miradas huidizas. "¿Para qué insistir en esas prácticas y esos crímenes tan infamantes y tan imperdonables?", oí decir a menudo. No había ningún testimonio en primera persona. No aparecía ninguna víctima que con su relato pusiera en tela de juicio a Gadafi.

Y apareció Soraya. Usaba un chal negro que cubría su espesa cabellera peinada con un rodete, grandes anteojos de sol, pantalones anchos. Sus labios gruesos le daban cierto aire a Angelina Jolie, y cuando sonrió, un destello infantil iluminó súbitamente su bello rostro ya desgastado por la vida. "¿Qué edad me da usted?" —me preguntó, quitándose las gafas. Esperó ansiosa, y luego se me adelantó—: ¡Siento que tengo cuarenta años!". Le parecía que eso era ser vieja. Tenía veintidós.

Era un día luminoso en la agitada Trípoli. Muamar el Gadafi había muerto la semana anterior. El Consejo Nacional de Transición había proclamado oficialmente la liberación del país, y la noche anterior, en la Plaza Verde, rebautizada con su antiguo nombre de Plaza de los Mártires, se reunieron una vez más multitudes de tripolitanos eufóricos gritando los nombres de Alá y de Libia entre cantos revolucionarios y ráfagas de kaláshnikovs. Cada barrio compró un dromedario y lo degolló frente a una mezquita para compartirlo con los refugiados de las ciudades saqueadas por la guerra. Todos se declaraban "unidos" y "solidarios", "felices como nunca podía recordarlo la memoria humana". También aturdidos y desconcertados. Incapaces de retomar el trabajo y el curso normal de la vida. Libia sin Gadafi... Era inimaginable.

Vehículos abigarrados recorrían la ciudad, cargados de rebeldes sentados en el capot o en el techo, asomándose por las ventanillas, agitando banderas al viento. Tocaban la bocina, cada uno de ellos blandía su arma como si fuera una amiga preciosa que llevara a una fiesta, que merece un homenaje. Vociferaban *Allahu Akbar* –"Alá es el más grande"–, se abrazaban, hacían la V de la victoria, con un pañuelo rojo, negro y verde anudado al estilo pirata en la cabeza o como brazalete. No todos habían luchado desde la primera hora o con el mismo valor. Pero eso no importaba: desde la caída de Sirte, último bastión de Gadafi, y su fulminante ejecución, todo el mundo se proclamaba rebelde.

Soraya los observaba de lejos y se sentía triste. ¿Era ese ambiente de ruidosa alegría lo que volvía más amargo el malestar que sentía desde la muerte de Gadafi? ¿La glorificación de los "mártires" y los "héroes" de la revolución la devolvía a su triste condición de víctima clandestina, indeseable, vergonzante? ¿Había comprendido de pronto la magnitud del desastre de su vida? No encontraba las palabras, no podía explicarlo. Solo sentía la quemadura del sentimiento de injusticia absoluta. La angustia de no poder expresar su dolor y gritar su indignación. El terror de que su desgracia, inaudible en Libia, y por lo tanto imposible de contar, se considerara exageradamente escandalosa. No debía ser así. No era moral.

Soraya mordisqueaba su chal cubriendo nerviosamente la parte inferior de su rostro. De sus ojos brotaron lágrimas, que enjugó de inmediato.

–Muamar el Gadafi destruyó mi vida.

Necesitaba hablar. Recuerdos demasiado pesados sobrecargaban su memoria.

–Suciedades –dijo, que le provocaban pesadillas–. Aunque lo cuente, nadie, nunca, sabrá de dónde vengo ni qué es lo que he vivido. Nadie podrá imaginarlo. Nadie. –Meneaba la cabeza con expresión desesperada–. Cuando vi el cadáver de Gadafi expuesto ante la multitud, experimenté una breve sensación de placer. Luego sentí un gusto amargo en la boca. Hubiera preferido que estuviera vivo, que lo capturaran y que lo juzgara un tribunal internacional. Quería pedirle explicaciones.

Porque ella fue una víctima. Una de esas víctimas de las que la sociedad libia no quiere oír hablar. Esas víctimas cuyo ultraje y cuya humillación manchan al conjunto de la familia y de la nación. Esas víctimas tan incómodas y perturbadoras que sería más sencillo convertirlas en culpables. Culpables de haber sido víctimas... Desde la altura de sus veintidós años, Soraya rechazaba con fuerza esa idea. Ansiaba justicia. Quería dar su testimonio. Lo que le habían hecho a ella y a muchas otras no le parecía ni insignificante ni perdonable. Contaría su historia: la de una niña de apenas quince años, señalada durante una visita de Muamar el Gadafi a su escuela y raptada al día siguiente para convertirse, junto con otras muchachas, en su esclava sexual. Secuestrada durante varios años en la residencia fortificada de Bab al Azizia, fue golpeada, violada y expuesta a todas las perversidades de un tirano obsesionado por el sexo. Él le robó su virginidad y su juventud, negándole así todo futuro respetable en la sociedad libia. La joven lo comprobó con

amargura. Después de haberla llorado y compadecido, su familia la consideraba ahora una prostituta. Irrecuperable. Ella fumaba. Ya no encajaba en ninguna parte. No sabía adónde ir. Me
quedé desconcertada.

Volví a Francia, conmocionada por Soraya. Y conté su historia
en una nota publicada en *Le Monde*, sin revelar su rostro ni su identidad. Era demasiado peligroso. Ya le habían hecho bastante daño
sin eso. Pero la nota fue levantada y publicada en todo el mundo.
Era la primera vez que aparecía un testimonio de una de las jóvenes
de Bab al Azizia, ese lugar lleno de misterios. Algunos sitios gadafistas lo desmintieron con violencia, indignados de que se destruyera
de ese modo la imagen de su héroe, que supuestamente había hecho tanto por "liberar" a las mujeres. Otros, aunque conocían las
costumbres del "Guía", lo consideraron tan aterrador que les costó
creerlo. Los medios internacionales trataron de encontrar a Soraya.
Fue en vano.

No dudé ni un segundo de lo que ella me había contado.
Porque me llegaron otras historias, muy parecidas, que me demostraron la existencia de muchas otras Sorayas. Supe que centenares
de mujeres jóvenes habían sido raptadas por una hora, una noche, una semana o un año, y obligadas, por la fuerza o por medio
del chantaje, a someterse a las fantasías y las violencias sexuales de
Gadafi. Qué él disponía de redes que involucraban a diplomáticos,
militares, guardaespaldas, empleados de la administración y de su
servicio del protocolo, cuya misión esencial era procurarle a su amo
mujeres jóvenes –u hombres jóvenes– para su consumo diario. Que
algunos padres y maridos –a veces, incluso ministros– encerraban
a sus hijas y sus esposas para sustraerlas a las miradas y a la codi-
cia del Guía. Descubrí que el tirano, nacido en una familia de beduinos muy pobres, gobernaba por medio del sexo, obsesionado

por la idea de poseer algún día a las esposas y las hijas de los ricos y los poderosos, de sus ministros y generales, de los jefes de Estado y los soberanos. Estaba dispuesto a ponerles precio. Cualquier precio. No tenía ningún límite.

Pero la nueva Libia no estaba dispuesta a hablar de eso. ¡Tabú! Y sin embargo, no se privaban de hostigar a Gadafi y exigirle que arrojara luz sobre sus cuarenta y dos años de infamias y de poder absoluto. Describían los maltratos infligidos a los prisioneros políticos, las violencias contra los opositores, las torturas y los asesinatos de rebeldes. No se cansaban de denunciar su tiranía y su corrupción, su hipocresía y su locura, sus manipulaciones y sus perversiones. Y se exigían reparaciones para todas las víctimas. Pero no se quería oír hablar de los centenares de mujeres esclavizadas y violadas por él. Ellas tenían que esconderse o emigrar, sepultadas bajo un velo, con su dolor bien guardado en el equipaje. Lo más sencillo hubiera sido que murieran. Y algunos hombres de sus familias estaban dispuestos a encargarse de ello.

Regresé a Libia para volver a encontrarme con Soraya. Recogí otras historias y traté de analizar las redes de complicidades al servicio del tirano. Una investigación efectuada bajo una fuerte presión. Las víctimas y los testigos seguían viviendo con el terror de abordar ese tema. Algunos sufrían amenazas e intimidaciones. "¡Por su bien y el de Libia, abandone esa investigación!", me aconsejaron muchos interlocutores, antes de colgarme bruscamente el teléfono. Y en su prisión de Misrata, donde pasa ahora sus días leyendo el Corán, un joven barbudo –que participó en el tráfico de jovencitas– me gritó, exasperado: "¡Gadafi está muerto! ¡Muerto! ¿Para qué quiere desenterrar sus escandalosos secretos?". El ministro de Defensa, Osama Juili, compartía esa idea: "Es un tema de vergüenza y humillación nacional. ¡Cuando pienso en las ofensas infligidas a tantos jóvenes, incluso a soldados, siento tanta repugnancia! Le aseguro que lo mejor es callarse. Los libios se sienten colectivamente sucios y quieren dar vuelta la página".

¿De veras? ¿Algunos crímenes deben ser denunciados y otros deben ocultarse como si fueran secretitos sucios? ¿Algunas víctimas son bellas y nobles, y otras son vergonzantes? ¿Hay que honrar, gratificar y compensar a algunas de ellas, y sobre las otras es preferible "dar vuelta la página"? No. Es inaceptable. La historia de Soraya no es una anécdota. Los crímenes contra las mujeres –que el mundo aborda con ligereza, si no con complacencia– no constituyen un tema insignificante.

El testimonio de Soraya es muy valiente y debería leerse como un documento. Lo escribo bajo su dictado. Sabe contar y también tiene una excelente memoria. Y no soporta la idea de una conspiración del silencio. Quizá nunca haya una corte penal que le haga justicia. Quizá Libia nunca acepte reconocer el sufrimiento de las "cautivas" de Muamar el Gadafi y de un sistema creado a su imagen. Pero al menos existirá su testimonio para demostrar que mientras Muamar el Gadafi se pavoneaba en la ONU con aires de dueño del mundo, mientras las demás naciones desplegaban una alfombra roja ante él y lo recibían con fanfarrias, mientras sus amazonas provocaban curiosidad, fascinación o regocijo, en su país, en su enorme residencia de Bab al Azizia, o más bien en sus húmedos sótanos, mantenía secuestradas a jóvenes mujeres que no eran más que niñas al llegar.

# PARTE I

## La historia de Soraya

# 1
## INFANCIA

Nací en Marag, una aldea de la región de Jebel Akhdar, la Montaña Verde, cerca de la frontera egipcia. Fue el 17 de febrero de 1989. ¡Sí, el 17 de febrero! Es imposible que los libios ignoren esta fecha a partir de ahora: es el día en que se puso en marcha la revolución que echó a Gadafi del poder en 2011. Me alegra haber nacido un día destinado a convertirse en fiesta nacional.

Tres hermanos me precedieron en la familia y otros dos nacerían después de mí, así como una hermanita. Pero yo fui la primera hija mujer y mi padre estaba loco de alegría. Él quería una niña. Quería una Soraya. Había pensado en ese nombre mucho antes de casarse. Y muchas veces me habló de la emoción que sintió al conocerme. "¡Eras linda! ¡Tan linda!", me repetía a menudo. Se sentía tan feliz, que siete días después de mi nacimiento, la celebración que se acostumbra organizar en esas circunstancias adquirió la envergadura de una fiesta de casamiento. Muchos invitados, música, un gran bufet... Él quería todo para su hija: las mismas oportunidades y los mismos derechos que para sus hijos varones. Todavía hoy dice que me imaginaba médica. Y cuando estaba en el liceo, me impulsó a inscribirme en ciencias de la naturaleza. Si mi vida

hubiera seguido un curso normal, tal vez habría estudiado realmente medicina. ¿Quién sabe? Pero no me hablen de igualdad
de derechos con mis hermanos. ¡Eso no! Ninguna mujer libia
puede creer en esa ficción. Basta ver cómo mi madre, que es, sin
embargo, tan moderna, debió renunciar finalmente a la mayoría
de sus sueños.

Tuvo sueños inmensos y todos se frustraron. Nació en Marruecos,
en casa de su abuela, a la que adoraba. Pero sus padres eran tunecinos. Disponía de muchas libertades, porque, de joven, había estudiado peluquería en París. Era un sueño, ¿no? Allí conoció a papá, en
una cena importante, una noche de Ramadán. En esa época, él trabajaba para los servicios secretos exteriores del país y pasaba largos
períodos en la embajada de Libia. Él también adoraba París. Allí el
ambiente era tan agradable, tan alegre, en comparación con la típi-
ca adustez libia. Habría podido seguir algunos cursos en la Alliance
Française, como le propusieron, pero era demasiado indolente, y
prefería salir, pasear, aprovechar cada minuto de libertad para descubrir cosas nuevas. Hoy lamenta no poder hablar francés. Eso habría cambiado nuestra vida, sin ninguna duda. En todo caso, cuando
conoció a mamá, tomó una rápida decisión. Pidió su mano, y la boda
se celebró en Fez, donde aún vivía su abuela. Orgulloso, se la llevó de
inmediato a Libia.

¡Qué impacto para mi madre! Nunca se había imaginado viviendo en la Edad Media. Ella, que era tan coqueta, que siempre se
preocupaba por estar a la moda, bien peinada y bien maquillada,
tuvo que usar el velo blanco tradicional y limitar al máximo sus
salidas fuera de la casa. Era como un león enjaulado. Se sentía en-
gañada, atrapada. Esa no era en absoluto la vida que papá le había
prometido. Le había hablado de viajes entre Francia y Libia, de que
podría desarrollar su profesión en los dos países... En pocos días,

mi madre se encontró en el país de los beduinos. Y sufrió una depresión. Entonces papá decidió mudar a toda la familia a Bengasi, la segunda ciudad de Libia, al este del territorio. Una ciudad provinciana, pero que siempre fue considerada un poco contestataria con respecto al poder instalado en Trípoli. No podía llevar a mamá a París, adonde seguía viajando con frecuencia, pero al menos ella podría vivir en una gran ciudad, no estaría obligada a usar velo y hasta podría desarrollar su actividad de peluquera en su propio salón. ¡Como si eso pudiera consolarla!

Ella seguía deprimida y soñando con París. A nosotros, los hijos, nos contaba sus paseos por los Champs Elysées, el té con sus amigas en la terraza de los cafés, la libertad que tenían las francesas, y además, la protección social, los derechos de los sindicatos, las audacias de la prensa. París, París, París… Eso terminaba fastidiándonos. Pero mi padre se sentía culpable. Pensó en abrir un pequeño negocio en París, un restaurante en el distrito 15, que podría atender mamá. Pero, lamentablemente, muy pronto se peleó con su socio y el proyecto quedó en la nada. También estuvo a punto de comprar un apartamento en La Défense. Costaba 25.000 dólares en aquella época. No se atrevió a realizar la operación y lo sigue lamentando.

De modo que mis primeros recuerdos escolares son de Bengasi. Todo eso está ya un poco borroso en mi memoria, pero recuerdo que todo era muy alegre. La escuela se llamaba Los Leoncitos de la Revolución, y tenía cuatro amigas inseparables. Yo era la cómica del grupo: mi especialidad era imitar a los profesores en cuanto salían del aula, y también al director de la escuela. Al parecer, tengo facilidad para captar las actitudes y las expresiones de las personas. Llorábamos de risa. Yo tenía cero en matemática, pero era la mejor en lengua árabe.

A papá le costaba ganarse la vida. Y el trabajo de mamá se volvió indispensable. Pronto, las finanzas de la familia empezaron a depender de ella. Trabajaba día y noche, y seguía esperando que sucediera algo que nos llevara lejos de Libia. Yo sabía que era diferente de las demás madres: a veces, en la escuela, me trataban despectivamente de "hija de tunecina". Eso me dolía. Las tunecinas tenían fama de modernas y emancipadas, y en Bengasi, créame, no se consideraba que eso fuera una virtud. Estaba enojada por esa situación. Casi odiaba a mi papá por no haber elegido como esposa a una hija del país. ¿Qué necesidad tenía de casarse con una extranjera? ¿Acaso había pensado en sus hijos?... ¡Dios mío, qué tonta fui!

* * * * *

Cuando tenía once años, papá nos comunicó que iríamos a vivir a Sirte, una ciudad ubicada sobre la costa mediterránea, entre Bengasi y Trípoli. Quería estar más cerca de su familia, de su padre —un hombre muy tradicional que tenía cuatro esposas—, de sus hermanos y sus primos. En Libia es así. Todas las familias tratan de permanecer juntas en torno a un mismo bastión que supuestamente les da fuerza y un apoyo incondicional. En Bengasi, sin raíces ni relaciones, éramos como huérfanos. Al menos, eso nos explicó papá. Pero, para mí, era una verdadera catástrofe. ¿Dejar mi escuela? ¿A mis amigas? ¡Qué drama! La noticia me enfermó. Me enfermó de verdad. Estuve dos semanas en cama. No podía levantarme para ir a la nueva escuela.

Finalmente, fui. A regañadientes. Y muy pronto comprendí que no sería feliz allí. En primer lugar, hay que saber que estábamos en la ciudad natal de Gadafi. Todavía no hablé de este personaje porque no era ni una preocupación, ni un tema de conversación en casa. Mamá lo detestaba, sin ninguna duda. Cambiaba de canal cuando aparecía en la televisión. Lo llamaba "el desgreñado" y repetía, meneando la cabeza: "Francamente, ¿acaso ese tipo tiene cara de presidente?". En cuanto a papá, creo que sentía miedo y se mantenía reservado. Todos teníamos la intuición de que era preferible hablar lo menos posible de él, ya que cualquier palabra que saliera del marco familiar podía ser informada y causarnos grandes problemas. En casa no había ninguna foto de Gadafi y ninguna militancia. Digamos que todos éramos instintivamente prudentes.

En la escuela, en cambio, primaba la adoración. Su imagen estaba en todas partes. Cantábamos el himno nacional todas las mañanas frente a un inmenso póster con su efigie unido a la bandera verde. Todos gritaban: "Tú eres nuestro Guía, marchamos detrás de ti", etc. En clase o en el recreo, los alumnos repetían "mi primo Muamar", "tiíto Muamar", mientras que los profesores hablaban de él como si fuera un semidiós. No, como si fuera Dios. Él era bueno, se desvelaba por sus hijos, tenía todos los poderes. Todos debíamos llamarlo "Papá Muamar". Su estatura nos parecía gigantesca.

Aunque nos habíamos mudado a Sirte para estar más cerca de la familia y sentirnos más integrados a una comunidad, el injerto no prendió. Los habitantes de Sirte, nimbados por su parentesco o su proximidad con Gadafi, se sentían los amos del universo. Una especie de aristocracia que frecuentaba la corte, frente a los pueblerinos o los plebeyos provenientes de las otras ciudades. ¿Ser de Zlite? ¡Grotesco! ¿De Bengasi? ¡Ridículo! ¿De Túnez? ¡Una vergüenza! Mamá, sin duda, independientemente de lo que hiciera, era fuente de oprobio. Y cuando abrió en el centro, cerca de nuestra casa de la calle Dubai, un hermoso salón de belleza al que acudían todas las mujeres elegantes de Sirte, el desprecio fue en aumento.

Sin embargo, ella tenía talento. Todo el mundo reconocía su habilidad para hacer maquillajes fabulosos y los peinados más bonitos de la ciudad. Incluso estoy segura de que la envidiaban. Pero usted no tiene idea de hasta qué punto Sirte estaba aplastada por la tradición y la mojigatería. Una mujer sin velo podía ser insultada en la calle. E, incluso con velo, era sospechosa. ¿Qué diablos hacía afuera? ¿Estaría buscando aventuras? ¿Tendría algún amorío? Las personas se espiaban, observaban las entradas y salidas de sus vecinos, las familias se tenían envidia, protegían a sus hijas y chismorreaban sobre los demás. La máquina de las habladurías estaba siempre en marcha.

En la escuela, mi condena era doble. Yo era no solo "la hija de la tunecina", sino además "la muchacha del salón". Nadie se sentaba conmigo, me marginaban. Nunca pude tener una amiga libia. Un poco más tarde, hice amistad, por suerte, con la hija de un libio y una palestina. Luego con una marroquí. Después con la hija de un libio y una egipcia. Pero con mis compañeras del lugar, nunca. Ni siquiera cuando mentí, un día, diciendo que mi madre era marroquí. Creí que eso era menos grave que ser tunecina. Pero fue peor. Entonces, mi vida empezó a girar esencialmente en torno al salón de belleza. Se convirtió en mi reino.

Allí me iba corriendo al terminar las clases diarias. Y allí revivía. ¡Qué placer! En primer lugar, porque ayudar a mamá era una sensación deliciosa. Y además, porque ese trabajo me encantaba. Mi madre nunca se detenía: corría de una clienta a otra, aunque tenía cuatro empleadas. Se ocupaban de hacer peinados, tratamientos capilares, maquillaje. Y yo le aseguro que en Sirte, aunque las mujeres se escondan tras sus velos, son muy exigentes e increíblemente sofisticadas. Mi especialidad era la depilación del rostro y de las cejas con un hilo de seda. Sí: un simple hilo que yo enlazaba en mis dedos y accionaba velozmente para arrancar los pelos. Es mucho mejor que la pinza o la cera. También preparaba los rostros para el maquillaje y colocaba la base. Luego venía mi madre y pintaba los ojos. Después gritaba: "¡Soraya! ¡El toque final!". Entonces yo acudía y me encargaba del rouge, controlaba el maquillaje completo y agregaba un poco de perfume.

El salón se convirtió muy pronto en la cita obligada de las mujeres distinguidas de la ciudad. Entre ellas estaban las del clan Gadafi. Cuando se realizaban en Sirte grandes cumbres internacionales, venían a embellecerse las mujeres de las diferentes delegaciones, las esposas de presidentes africanos, de jefes de Estado europeos y americanos. Un día, la encargada del protocolo de la esposa de Gadafi, Judia, vino a buscar a mamá en automóvil para llevarla a peinar y maquillar a su jefa. ¡Eso demostraba que mamá había alcanzado una excelente reputación! Ella fue, pasó varias horas ocupándose de Safia Farkash, y le pagaron una suma ridícula, muy por debajo de la tarifa normal. Estaba furiosa y se sintió humillada. Entonces, la segunda vez que Judia fue a buscarla, simplemente se negó, bajo el pretexto de que estaba sobrecargada de trabajo. Otras veces, llegó a esconderse, y me hacía decir a mí que no estaba. Tenía carácter, mi madre. Nunca se rindió ante el poder.

Las mujeres de la tribu de Gadafi eran en general odiosas. Si me acercaba a alguna de ellas, por ejemplo para preguntarle si quería un corte o una tintura, me lanzaba con desdén: "¿Quién eres tú para hablarme?". Una mañana, una de esas mujeres llegó al salón, elegante, suntuosa. Fascinada por su rostro, le dije espontáneamente: "¡Qué bella es usted!". Ella me abofeteó. Quedé petrificada. Luego corrí hacia mamá, que murmuró entre dientes: "Cállate. La clienta siempre tiene razón". Tres meses más tarde, vi con angustia que la misma dama empujaba la puerta del salón. Vino hacia mí, me dijo que su hija, que tenía mi edad, acababa de morir de cáncer, y me pidió perdón. Eso fue aún más desconcertante que su bofetada.

En otra oportunidad, una novia había reservado un turno en el salón para atenderse el día de su boda. Pagó un pequeño anticipo y luego canceló su cita. Cuando mamá se negó a devolverle el dinero, se salió de sus casillas. Empezó a gritar, rompió todo lo que encontró a mano y llamó al clan Gadafi: sus representantes llegaron y saquearon el salón. Uno de mis hermanos vino a socorrernos y lo molieron a palos. Cuando intervino la policía, fue mi hermano quien terminó detenido y enviado a prisión. Los Gadafi hicieron todo lo posible para que permaneciera allí durante mucho tiempo: hubo que iniciar una larga negociación entre tribus para llegar a un acuerdo y lograr su perdón. Salió de la cárcel al cabo de seis meses, rapado y con el cuerpo cubierto de moretones. Lo habían torturado. Y a pesar del acuerdo entre tribus, los Gadafi, que dirigían todas las instituciones de Sirte, incluyendo la municipalidad, se confabularon para imponer la clausura del salón por un mes más. No cabía en mí de indignación.

Mi hermano mayor, Nasser, me inspiraba un poco de miedo y mantenía una relación de autoridad conmigo. Pero Aziz, nacido un año antes que yo, era como mi mellizo, un verdadero compañero. Como íbamos a la misma escuela, yo sentía que me protegía y me celaba al mismo tiempo. Y yo le servía de mensajera para algunos amoríos. En cuanto a mí, no pensaba en el amor en esa época. La página estaba en blanco. Es posible que me autocensurara, pues sabía que mi madre era estricta y muy severa. No lo sé. No tenía ningún novio. Ni el menor estremecimiento. Ni siquiera un sueño. Creo que lamentaré toda la vida no haber tenido amores adolescentes. Estaba segura de que algún día me casaría, ya que ese es el destino de las mujeres, y que entonces debería maquillarme y ser hermosa para mi marido. Pero no sabía nada más. Ni sobre mi cuerpo ni sobre la sexualidad. ¡Qué pánico sentí cuando tuve mi primera regla! Corrí a decírselo a mi madre, que no me había explicado nada. Me daba vergüenza ver en la televisión publicidad de toallas higiénicas. Me sentía incómoda al ver esas imágenes en compañía de los varones de la familia... Recuerdo que mamá y mis tías me decían: "Cuando tengas dieciocho años, te contaremos algunas cosas". ¿Qué cosas? "La vida". No tuvieron tiempo. Muamar el Gadafi se les adelantó. Destrozándome.

* * * * *

Una mañana de abril de 2004, cuando acababa de cumplir quince años, el director del liceo se dirigió a todas las alumnas reunidas en el patio: "El Guía nos hará el gran honor de visitarnos mañana. Es una alegría para toda la escuela, de modo que cuento que se presentarán en horario, disciplinadas y con la ropa impecable. ¡Tienen que dar la imagen de una escuela magnífica, como él quiere y lo merece!". ¡Qué noticia! No se imagina la excitación. Ver a Gadafi en persona... Su imagen me acompañaba desde que nací. Sus fotos estaban en todas partes, en las paredes de la ciudad, en las oficinas administrativas, las salas municipales, los comercios. En las camisetas, los collares, los cuadernos. Sin contar los billetes de banco. Vivíamos permanentemente bajo su mirada. En su culto. Y a pesar de las críticas acerbas de mamá, yo sentía una temerosa veneración por él. No me imaginaba su vida, pues no lo clasificaba entre los seres humanos. Estaba por encima de todo, en un Olimpo inaccesible en el que reinaba la pureza.

Al día siguiente, entonces, con el uniforme limpio y planchado –pantalón y túnica negros, una chalina blanca alrededor del rostro– corrí a la escuela, esperando con impaciencia que nos explicaran cómo se desarrollaría la jornada. Pero en cuanto empezó la primera clase, un profesor vino a buscarme para decirme que me habían elegido para entregarle al Guía flores y regalos. ¡A mí! ¡La muchacha del "salón"! ¡La alumna que era marginada! Me produjo un gran impacto. Primero, abrí grandes los ojos con incredulidad, después me puse de pie, radiante y consciente de la envidia que despertaba en muchas de mis compañeras. Me llevaron a una gran sala, donde encontré a otras alumnas que también habían sido seleccionadas, y nos ordenaron cambiarnos muy rápido para ponernos el atuendo tradicional libio. Los trajes ya estaban allí, colocados en perchas. Rojos. Túnica, pantalón, velo y un sombrerito para ajustar sobre el cabello. ¡Era fascinante! Todas nos vestimos, contentas, muertas de risa, con la ayuda de las profesoras que ajustaban los velos, ponían alfileres, usaban secadores de pelo para alisar los cabellos rebeldes. Yo pregunté: "¿Cómo debo saludar? ¿Qué tengo que hacer? ¿Debo inclinarme ante él? ¿Besarle la mano? ¿Recitar algo?". Mi corazón palpitaba aceleradamente, mientras todo el mundo giraba a nuestro alrededor para que nos viéramos impecables. Cuando vuelvo a pensar hoy en esa escena, la veo como la preparación de las ovejas para llevarlas al matadero.

El salón de fiestas de la escuela estaba abarrotado. Profesores, estudiantes, personal administrativo: todo el mundo aguardaba nervioso. Las niñas designadas para recibir al Guía estábamos formadas en fila frente a la puerta de entrada, y nos lanzábamos miradas cómplices, como diciendo: "¡Qué suerte tenemos! ¡Recordaremos toda la vida este momento!". Me aferré a mi ramo de flores temblando como una hoja. Sentía las piernas flojas. Una profesora me lanzó una mirada severa: "¡Párate bien, Soraya!".

Y, de pronto, llegó Él. Entre el chisporroteo de los flashes, envuelto en una nube de acompañantes y mujeres guardaespaldas. Estaba vestido de blanco, con el torso cubierto de insignias, banderas y condecoraciones, un chal beige sobre los hombros, del mismo color que el pequeño gorro que llevaba en la cabeza, del que sobresalían cabellos muy negros. Todo fue muy rápido. Le entregué el ramo, y luego tomé su mano libre entre las mías y se la besé, inclinándome. Entonces sentí que apretaba en forma extraña la palma de mi mano. Luego me observó de arriba abajo con una mirada fría. Presionó mi hombro, posó su mano sobre mi cabeza y me acarició el cabello. Y allí terminó mi vida. Porque ese gesto, como lo supe más tarde, era una señal para sus guardaespaldas que significaba: "Esta. La quiero".

Por el momento, me sentía como sobre una nube. Y en cuanto terminó la visita, volé más que corrí al salón de belleza para contarle ese acontecimiento a mi madre.

—Papá Muamar me sonrió, mamá. ¡Te lo juro! ¡Me acarició la cabeza!

A decir verdad, me había quedado la imagen de un rictus más bien glacial, pero mi corazón rebosaba de alegría y quería que todo el mundo lo supiera.

—¡No hagas tanto escándalo! —lanzó mamá mientras seguía enrulando el cabello de una clienta.

—¡Pero, mamá! ¡Es el jefe de Libia! ¡Es importante!

—¿Ah, sí? ¿El jefe? Él sumergió a este país en la Edad Media y lleva a su pueblo a un abismo.

Me enojé y volví a casa a saborear mi alegría a solas. Papá estaba en Trípoli, pero mis hermanos parecían poco impresionados. Salvo Aziz, que no salía de su asombro.

A la mañana siguiente, cuando llegué a la escuela, noté un cambio radical en la actitud de los profesores hacia mí. Antes solían tratarme con sequedad e incluso con desprecio, pero ahora se mostraban casi cariñosos. Cuando uno de ellos me llamó "pequeña Soraya", lo miré sorprendida. Y cuando otro me preguntó si seguiría tomando clases, como si fuera una opción, me dije que eso no era normal. Pero como era el día siguiente a un feriado, no me preocupé. Al término de las clases, a la una de la tarde, corrí a casa a cambiarme de ropa y a la una y media, ya estaba en el salón para ayudar a mamá.

Las mujeres de Gadafi empujaron la puerta hacia las tres de la tarde. Primero Faiza, después Salma y, por último, Mabruka. Salma estaba con su uniforme de guardaespaldas y un revólver en la cintura. Las demás usaban sus atuendos clásicos. Observaron todo el salón –era un día muy concurrido– y le preguntaron a una empleada: "¿Dónde está la madre de Soraya?". Y se dirigieron directamente a ella.

–Somos del Comité de la Revolución y estábamos ayer a la mañana con Muamar cuando visitó la escuela. Soraya se hizo notar, porque estaba magnífica con el traje tradicional y cumplió muy bien su tarea. Nos gustaría que le entregara otra vez un ramo de flores a Papá Muamar. Tendría que venir con nosotras.

–¡No es un buen momento! Como ven, el salón está lleno. ¡Necesito a mi hija!

–Esto no llevará más de una hora.

–¿Es solo para entregarle flores?

–Quizá tenga que maquillar también a algunas mujeres del entorno del Guía.

–En ese caso, es diferente. Debería ir yo.

–¡No, no! Es Soraya quien debe entregar el ramo.

Asistí a la conversación primero intrigada y luego excitada. Es cierto que mamá estaba desbordada ese día, pero me molestó un poco que se mostrara indiferente a lo que me pasaba. ¡Si era para el Guía, no se podía decir que no! Mi madre terminó por aceptar −no tenía otra alternativa− y seguí a las tres mujeres. Una gran 4X4 se encontraba estacionada frente al salón. El chofer arrancó antes de que estuviéramos ubicadas en la camioneta. Mabruka adelante y yo, atrás, inmovilizada entre Salma y Faiza. Partimos a toda velocidad, seguidos por dos automóviles de custodia que descubrí de inmediato. Ya podía despedirme de mi infancia.

## 2
## PRISIONERA

El viaje fue largo. No tenía idea de la hora, pero me pareció interminable. Habíamos salido de Sirte y estábamos atravesando el desierto. Yo miraba fijamente hacia adelante, sin atreverme a hacer preguntas. Y luego llegamos a Sdadah, a una especie de campamento. Había varias tiendas, algunas 4X4, y una enorme casa rodante extremadamente lujosa. Mabruka se dirigió a ella y me hizo señas de que la siguiera. Me pareció ver, en un automóvil que estaba dando una media vuelta, a una de las alumnas que habían sido elegidas como yo, el día anterior, para recibir al Guía. Eso habría debido tranquilizarme, y sin embargo, en el momento de entrar a la casa rodante, me embargó una angustia indescriptible. Como si todo mi ser se rebelara contra esa situación. Como si supiera, intuitivamente, que se estaba tramando algo fatal.

Muamar el Gadafi estaba adentro. Sentado en un sillón de masajes rojo, con el control remoto en la mano. Imperial. Me acerqué para besarle la mano, que me tendió con indolencia mirando hacia otro lado. "¿Dónde están Faiza y Salma?", le preguntó a Mabruka con tono irritado. "Ya vienen". Yo estaba estupefacta. No me miraba. Yo no existía. Pasaron varios minutos. No sabía qué hacer. Finalmente se puso de pie y me preguntó:

–¿De dónde es tu familia?

–De Zlinten.

Su rostro permaneció impasible. "Prepárenla", ordenó, y salió. Mabruka me hizo señas de que me sentara en la banqueta de un rincón arreglado como un salón. Las otras dos mujeres entraron con la mayor naturalidad, como si fuera su casa. Faiza me sonrió, se acercó a mí y me tomó familiarmente el mentón: "¡No te preocupes, pequeña Soraya!", y salió lanzando una carcajada. Mabruka hablaba por teléfono. Daba instrucciones y detalles prácticos para la llegada de alguien, quizá de otra niña como yo, porque oí que decía: "Tráiganla aquí".

Cortó y se volvió hacia mí: "¡Ven! Te tomaremos las medidas para conseguirte ropa. ¿Qué talle de corpiño usas?". Yo estaba azorada. "No... no sé. Mamá me compra siempre la ropa". Mi respuesta la irritó y llamó a Fathia, otra mujer, un personaje extraño con voz y presencia de hombre, pero con un pecho imponente de mujer. Me evaluó, me dio un golpecito en la mano y me guiñó un ojo. "¿Así que esta es la nueva? ¿De dónde viene?". Me midió con un centímetro la cintura y el busto, apoyándome el suyo bajo el mentón. Luego, ambas mujeres anotaron las medidas y salieron de la casa rodante. Me quedé allí completamente sola, sin atreverme a llamar ni a moverme. Cayó la noche. Yo no entendía nada. ¿Qué iría a pensar mamá? ¿Le habrían avisado del retraso? ¿Qué pasaría aquí? ¿Y cómo volvería a casa?

Al cabo de un largo rato, reapareció Mabruka. Me sentí aliviada al verla. Me tomó por el brazo, sin una palabra, y me llevó a un rincón, como un pequeño laboratorio, donde una enfermera rubia me sacó sangre. Luego Fathia me llevó a un cuarto de baño: "¡Desvístete! Tienes mucho vello. ¡Habrá que quitar todo eso!". Me puso crema depilatoria en los brazos y las piernas, y luego pasó la navaja de afeitar, aclarando: "Dejaremos el vello del sexo". Yo estaba aturdida y molesta, pero como tenía que encontrarle un sentido a todo eso, pensé que quizá se tratara de algo referente a la salud, que les aplicaban a todos los que se acercaban al Guía. Me pusieron una bata y regresé al salón. Mabruka y Salma, siempre con su revólver en la cintura, se sentaron cerca de mí.

–Te vamos a vestir bien, te vamos a maquillar, y podrás entrar a ver a Papá Muamar.

–¿Todo esto es para saludar a Papá Muamar? Pero ¿cuándo volveré a casa con mis padres?

–¡Después! Primero debes saludar a tu amo.

Me pusieron una tanga –jamás había visto semejante cosa–, un vestido blanco satinado con tajos a los costados y escotado adelante y atrás. El cabello, suelto, caía sobre mis muslos. Fathia me maquilló, me perfumó y le agregó un poco de brillo a mis labios, algo que mamá nunca me habría permitido. Mabruka me inspeccionó de arriba abajo con expresión severa. Luego me tomó de la mano y me llevó al pasillo. Se detuvo frente a una puerta, la abrió y me empujó adentro.

Gadafi estaba desnudo sobre la cama. ¡Qué horror! Me tapé los ojos retrocediendo, espantada. Pensé: "¡Es una horrible equivocación! ¡No era el momento adecuado! ¡Dios mío!". Me di vuelta: allí estaba Mabruka, en el umbral de la puerta, con expresión dura. "¡No está vestido!", murmuré, alarmada, creyendo que no se había dado cuenta. "¡Entra!", me dijo ella empujándome. Entonces él me aferró la mano y me obligó a sentarme a su lado en la cama. Yo desvié la vista. "¡Mírame, puta!".

Esa palabra. No sabía bien qué significaba, pero suponía que era una palabra horrible, una palabra vulgar, una palabra que designaba a una mujer despreciable. No me moví. Él trató de hacerme girar hacia él. Resistí. Me tiró del brazo, del hombro. Todo mi cuerpo se puso tenso. Entonces me obligó a mover la cabeza tirándome del pelo. "No tengas miedo. Soy tu papá. Es así como me llamas, ¿no? Pero también soy tu hermano y también tu novio. Seré todo eso para ti. Porque te quedarás a vivir conmigo para siempre". Acercó su rostro al mío y sentí su aliento. Comenzó a besarme, el cuello, las mejillas. Yo permanecía tan rígida como un trozo de madera. Quiso abrazarme: me alejé. Me acercó. Di vuelta la cabeza y empecé a llorar. Él quiso tomármela, me levanté de un salto, me tironeó del brazo, lo empujé, él se enojó, pretendió acostarme por la fuerza y luchamos. Él rugía.

Apareció Mabruka. "¡Esta puta se niega a hacer lo que yo quiero! –gritó–. ¡Enséñale, edúcala y tráemela de vuelta!".

Se dirigió a un pequeño cuarto de baño adyacente al cuarto, mientras Mabruka me llevaba al laboratorio. Estaba pálida de rabia:

–¿Cómo pudiste comportarte así con tu amo? ¡Tienes que obedecerle!

–Quiero volver a casa.

–¡No te moverás de aquí! ¡Este es tu lugar!

–Deme mis cosas. Quiero ir a ver a mamá.

Su cachetada me hizo tambalear.

–¡Obedece! ¡Si no, Papá Muamar te lo hará pagar muy caro! –Con la mano en mi mejilla ardiente, la miré estupefacta–. ¡Finges ser una niña pequeña, pedazo de hipócrita, cuando sabes perfectamente de qué se trata! Ahora nos vas a escuchar, a Papá Muamar y a mí. Y vas a obedecer las órdenes. ¡Sin discutir! ¿Oíste?

Luego desapareció, dejándome sola, con esa ropa indecente, el maquillaje borrado y el cabello sobre la cara. Lloré durante horas hecha un ovillo en el salón. No entendía nada, nada. Todo era confuso. ¿Qué hacía yo en ese lugar? ¿Qué querían ellos de mí? Mamá

debía de estar muerta de preocupación, seguramente había llamado por teléfono a papá a Trípoli, y era posible que él hubiera
regresado a Sirte. Él, que no toleraba que yo saliera de casa, tal vez
la llenara de reproches por haberme dejado ir. ¿Cómo podría con-
tarles a mis padres esa escena atroz con Papá Muamar? Mi padre
enloquecería. Todavía estaba sollozando cuando la enfermera rubia, a la que nunca olvidaré, se sentó a mi lado y me acarició con
ternura. "¿Qué pasó? Cuéntame". Hablaba con acento extranjero:
luego supe que era ucraniana, estaba al servicio del Guía y se llamaba Galina. No pude decirle nada, pero ella adivinó lo ocurrido y
sentí que estaba furiosa. "¿Cómo pueden hacerle eso a una niñita?
¿Cómo se atreven?", repetía, rozando suavemente mi cara.

* * * * *

Finalmente me quedé dormida. A las nueve de la mañana siguiente, me despertó Mabruka. Me tendió un conjunto de ropa deportiva
y recuperé la esperanza.

–¿Ahora vuelvo a mi casa?

–¡Ya te dije que no! ¿Estás sorda? Te explicamos que tu vida
anterior había terminado definitivamente. También se lo dijimos a
tus padres, que lo entendieron muy bien.

–¿Hablaron por teléfono con mis padres?

Me sentía como atontada. Bebí un té mientras mordisqueaba
algunas galletas. Miré a mi alrededor. Muchas jovencitas en uniforme de soldados entraban y salían, me miraban con curiosidad
–"¿Esa es la nueva?"– y hablaban del Guía, que aparentemente estaba ocupado en una de las tiendas. Salma se acercó a mí.

–Te diré las cosas con claridad: Muamar se va a acostar contigo.
Te va a abrir. A partir de ahora serás su cosa y nunca lo abandonarás.

Así que deja de poner mala cara. ¡Con nosotros, la resistencia y los caprichos no funcionan!

También llegó Fathia, la imponente. Encendió la televisión y me susurró:

–Déjate hacer y será mucho más sencillo. Si aceptas, todo irá bien para ti. Simplemente hay que obedecer.

Lloré y permanecí postrada. De modo que era una prisionera. ¿Qué crimen había cometido?

Hacia la una de la tarde, Fathia vino para ponerme un vestido azul de raso, muy corto. En realidad, era más bien una bata. Me llevó al cuarto de baño, mojó mis cabellos y les dio volumen colocando mousse. Mabruka me inspeccionó, me tomó fuerte de la mano y me llevó de nuevo a la habitación de Gadafi: "Esta vez vas a satisfacer los deseos de tu amo. ¡De lo contrario, te mato!". Abrió la puerta y me empujó hacia adelante. El Guía estaba allí, sentado sobre la cama, con un pantalón deportivo y una camiseta. Fumaba un cigarrillo y soltaba lentamente el humo mirándome con frialdad.

–Eres una puta –dijo–. Tu madre es tunecina y, por lo tanto, tú eres una prostituta. –Se tomó su tiempo, me estudió de arriba abajo, de abajo arriba, y lanzó el humo hacia mí–. Siéntate a mi lado –me señaló un lugar en la cama–. Harás todo lo que te pida. Te regalaré joyas y una bella residencia, te enseñaré a conducir y tendrás un auto. Incluso podrás partir algún día para estudiar en el extranjero, si lo deseas: te llevaré yo mismo adonde quieras. ¿Te das cuenta? ¡Tus deseos serán órdenes!

–Quiero volver a casa con mamá.

Se puso tieso, aplastó el cigarrillo y levantó la voz.

–¡Escúchame bien! Se terminó, ¿entiendes? Se terminó esa historia de volver a casa. ¡A partir de ahora, estás conmigo! ¡Olvídate de todo lo demás!".

No podía creer lo que decía. Estaba fuera de toda comprensión. Me atrajo a la cama y me mordió la parte superior del brazo. Me dolió. Luego trató de desvestirme. Yo ya me sentía bastante desnuda con ese minivestido azul: era horrible, no podía dejarlo hacer eso. Resistí, me aferré a mi ropa. "¡Quítate eso, sucia puta!". Me separó los brazos. Me puse de pie. Él me atrapó y me arrojó sobre la cama. Yo me debatía. Entonces se levantó, lleno rabia, y se fue al cuarto de baño. En un segundo, apareció allí Mabruka (solo más tarde supe que él tenía una campanilla cerca de la cama para llamarla).

–¡Es la primera vez que una niña se me resiste así! ¡Es tu culpa! ¡Te dije que le enseñaras! Haz algo: ¡si no, lo pagarás tú!

–¡Mi amo, deje a esa niña! Es terca como una mula. Se la devolvemos a su madre y le traigo otras.

–¡Quiero a esa! ¡Prepárala!

Me llevaron al laboratorio y me quedé allí, en la oscuridad. Galina entró rápidamente y me dio una manta con una sonrisa piadosa. Pero no podía dormir. Revivía la escena y no hallaba la menor explicación a lo que estaba sucediendo. ¿Qué les habrían dicho a mis padres? Seguramente, no la verdad, pues eso no era posible. Pero, entonces, ¿qué? Papá ni siquiera me dejaba ir a casa de mis vecinos, y yo siempre debía regresar antes de que oscureciera. ¿Qué pensaría él? ¿Qué se imaginaría? ¿Me creería alguna vez? ¿Qué explicación habrían dado a la escuela para explicar mi ausencia?... No cerré un ojo en toda la noche. Al amanecer, en el momento en que empezaba a derrumbarme, llegó Mabruka. "¡Vamos, arriba! Debes ponerte este uniforme. Nos vamos a Sirte". ¡Qué alivio! "¿Entonces vuelvo a casa con mamá?". "No. ¡Vamos a otra parte!".

Por lo menos, nos íbamos de ese lugar horrible en el medio de la nada y nos acercábamos a casa. Corrí a lavarme un poco, me puse un uniforme kaki parecido al de las guardaespaldas de Gadafi, y fui al salón, donde otras cinco chicas, también de uniforme, miraban distraídamente la televisión. Tenían teléfonos móviles a mano, y yo ardía en deseos de pedirles que llamaran a mi mamá, pero Mabruka estaba vigilando y el ambiente era glacial. La casa rodante se puso en marcha. Dejé que me llevara: hacía mucho tiempo que no controlaba nada.

* * * * *

Después de alrededor de una hora de viaje, el camión se detuvo. Nos hicieron bajar y nos distribuyeron en diferentes autos. Cuatro por vehículo. En ese momento, comprendí que formábamos un enorme convoy y que había muchas niñas soldado. Bueno, soldados, no. Digamos, más bien, que sus actitudes parecían ser las de soldados. La mayoría no lucía galones ni llevaba armas. Me dijeron que lo más probable sería que fueran tan militares como yo. En todo caso, yo era la más joven y provocaba sonrisas en algunas que se volvían para observarme. Acababa de cumplir quince años, pero más adelante vería allí niñas que apenas tenían doce.

En Sirte, los automóviles entraron a la katiba —la barraca— Al Saadi, el cuartel que llevaba el nombre de uno de los hijos de Gadafi. Inmediatamente nos asignaron habitaciones, y comprendí que compartiría la mía con Farida, una de las guardaespaldas de Gadafi, que tenía veintitrés o veinticuatro años. Salma depositó una valija sobre mi cama. "¡Vamos, rápido! ¡Ve a ducharte! —gritó golpeando las manos—. ¡Y ponte el camisón azul!". En cuanto se fue, miré a Farida.

—¿Qué significa este circo? ¿Podrías explicarme qué estoy haciendo aquí?

–No puedo decirte nada. Soy un soldado. Ejecuto órdenes. Haz lo mismo.

La discusión estaba cerrada. Vi que guardaba escrupulosamente sus cosas, pero no me podía decidir a imitarla. En especial, a ponerme la ropa que encontré en la valija: una maraña de ropa íntima y lencería, además de una bata. Pero volvió Salma. "¡Te dije que te prepararas! ¡Tu amo te espera!". Se quedó hasta que me puse la bata azul y debí seguirla. Me hizo esperar en un pasillo. Llegó Mabruka, con expresión de enojo, me empujó brutalmente dentro de un cuarto y cerró la puerta detrás de mí.

Gadafi estaba desnudo. Acostado en una gran cama de sábanas beige, en una habitación del mismo color sin ventanas: parecía enterrado en la arena. El azul de mi ropa contrastaba con el resto. "¡Ven aquí, mi puta! –dijo abriendo los brazos–. ¡Ven, no tengas miedo!". ¿Miedo? Yo estaba más allá del miedo. Iba al matadero. Quise huir, pero sabía que Mabruka vigilaba detrás de la puerta. No me moví. Entonces él se puso de pie de un salto y, con una fuerza que me sorprendió, aferró mi brazo, me arrojó sobre la cama y se acostó sobre mí. Intenté rechazarlo, pero era pesado y no pude hacerlo. Me mordió el cuello, las mejillas, el pecho. Yo me debatía gritando. "¡No te muevas, puta sucia!". Me golpeó, me aplastó los senos y luego levantó mi vestido, inmovilizó mis brazos y me penetró violentamente.

Nunca lo olvidaré. Profanó mi cuerpo, pero atravesó mi alma con un puñal. La hoja nunca volvió a salir.

Estaba destruida, ya no tenía fuerzas, ni siquiera me movía, lloraba. Él se incorporó para tomar una pequeña toalla roja que tenía a mano, la pasó entre mis muslos y desapareció en el cuarto de baño. Mucho más tarde me enteré de que esa sangre era muy valiosa para él, que la destinaba a ser usada en ceremonias de magia negra.

Sangré durante tres días. Galina venía a mi cama para curarme. Me acariciaba la frente, me decía que yo estaba herida en mi interior. Yo no me quejaba. Dejé de hacer preguntas. "¿Cómo pueden hacerle esto a una niña? ¡Es horrible!", le había dicho Galina a Mabruka cuando me llevó hasta ella. Pero a Mabruka no le importaba. Apenas toqué la comida que me trajeron a la habitación. Era una muerta en vida. Farida me ignoraba.

Al cuarto día, vino a buscarme Salma: el amo me reclamaba. Mabruka me introdujo en su cuarto. Y él volvió a empezar, usando la misma violencia y las mismas palabras degradantes. Sangré abundantemente. Galina le advirtió a Mabruka: "¡No la toquen más! Esta vez sería peligroso".

Al quinto día, me llevaron a su habitación a la madrugada. Estaba desayunando: dientes de ajo y jugo de sandía, bizcochos en un té con leche de camella. Introdujo un casete en un viejo grabador, con antiguas canciones de beduinos, y me gritó: "¡Vamos, baila, puta! ¡Baila!". Vacilé. "¡Vamos! ¡Vamos!". Golpeaba las manos. Intenté un movimiento, y luego seguí, tímidamente. El sonido era horrible, los cantos, anticuados. Él me miraba con ojos lascivos. Entraban mujeres, para servir algo o para decirle algo al oído, indiferentes a mi presencia. "¡Sigue, zorra!", decía él, sin quitarme la vista de encima. Su sexo estaba rígido. Se levantó para atraparme, me dio unos golpecitos en las nalgas: "¡Qué zorra!". Luego se apretó contra mí. Esa misma noche, me obligó a fumar. Me dijo que le gustaba el gesto de las mujeres al aspirar un cigarrillo. Yo no quería. Me encendió uno y me lo puso en la boca. "¡Aspira! ¡Traga! ¡Traga!". Yo tosía y eso le causaba gracia. "¡Vamos! ¡Otro!".

El sexto día, me recibió con whisky. "¡Ya es tiempo de que empieces a beber, mi puta!". Era Black Label, una botella que reconocería en cualquier parte. Siempre oí decir que el Corán prohíbe beber

alcohol y que Gadafi era muy devoto. En la escuela y en la televisión, lo presentaban como el más apasionado defensor del islam.
Citaba permanentemente el Corán y dirigía las plegarias frente a las
multitudes. Por eso, verlo así, bebiendo whisky, era algo inaudito.
Usted no puede imaginar el impacto que me causó. ¡Ese hombre al
que nos presentaban como el padre de los libios, edificador del
derecho y la justicia, y poseedor de la autoridad absoluta, violaba
todas las reglas que profesaba! Todo era falso. Todo lo que mis profesores enseñaban. Todo aquello en lo que mis padres creían. ¡Oh,
si supieran!, me dije a mí misma. Me sirvió un whisky. "¡Bebe, zorra!".
Mojé los labios, sentí un ardor tremendo y me repugnó el gusto.
"¡Vamos, bebe! ¡Como si fuera un medicamento!".

A la noche, partimos todos, en caravana, hacia Trípoli. Una
docena de autos, la gran casa rodante y una camioneta cargada de
material, especialmente tiendas. Otra vez, todas las muchachas
usaban uniforme. Y todas parecían encantadas de partir. Yo estaba desesperada. Dejar Sirte significaba alejarme aún más de mis
padres, perder toda posibilidad de volver a casa. Trataba de imaginar una huida, pero no tenía ningún sentido. ¿Acaso había un
solo lugar, en Libia, donde se pudiera escapar de Gadafi? Su policía,
sus milicias, sus espías, estaban por todas partes. Los vecinos vigilaban a sus vecinos. Incluso dentro de las familias había denuncias.
Yo era su prisionera. Estaba a su merced. La chica que estaba sentada a mi lado en el automóvil vio mis lágrimas. "¡Oh, mi pequeña!
Me dijeron que te encontraron en la escuela...". No le contesté.
Miraba alejarse a Sirte por la ventanilla: no podía hablar. "Bueno
—exclamó la muchacha sentada junto al chofer—, ¡finalmente todas
estamos en la misma situación!".

# 3
## BAB AL AZIZIA

"¡Ah! ¡Por fin en Trípoli!". Mi vecina parecía tan encantada al ver las primeras casas de la ciudad que me sentí un poco más tranquila. "¡Estaba harta de Sirte!", lanzó la otra chica. Yo no sabía qué conclusión sacar de sus observaciones, pero registraba todo, concentrada y ávida por captar la menor información. Habíamos viajado durante casi cuatro horas, a gran velocidad, atemorizando a los vehículos y los transeúntes que se hacían a un lado para dejar pasar la fila de autos. Ya había caído la noche, y la ciudad se presentaba a lo lejos como una maraña de calles, torres y luces. De pronto, disminuimos la velocidad para pasar por la inmensa puerta de entrada de un vasto recinto fortificado. Había soldados en posición de firmes, pero las muchachas se veían relajadas, y eso indicaba que regresaban a casa. Una de ellas me dijo simplemente: "Esto es Bab al Azizia".

Conocía ese nombre, por supuesto. ¿Quién no lo conocía en Libia? Era el lugar del poder por excelencia, símbolo de la autoridad y la omnipotencia: la residencia fortificada del coronel Gadafi. En árabe, ese nombre significa "La puerta de Azizia": la región se extiende al oeste de Trípoli, pero para los libios, es sobre todo el símbolo del terror. Papá me había mostrado una vez la enorme puerta, sobre la que se veía un gigantesco afiche del Guía, y la muralla de varios kilómetros que lo rodeaba. A nadie se le hubiera ocurrido caminar a lo largo de esa muralla. Lo habrían detenido por espionaje o le habrían disparado al menor movimiento sospechoso. Nos contaron incluso el caso de un infortunado taxista que había pinchado una goma al pie del muro y murió al explotar su auto, antes de poder sacar del baúl una rueda de auxilio. Y en todo el barrio que rodeaba la fortaleza, estaban prohibidos los teléfonos móviles.

Atravesamos el portón principal e ingresamos a un terreno que me pareció inmenso. Algunas hileras de edificios austeros con aberturas angostas, simples rendijas, a modo de ventanas, que seguramente eran viviendas para soldados. Césped, palmeras, jardines, dromedarios, edificios sencillos, algunas casas semiocultas en la vegetación. Fuera de la gran cantidad de puertas de seguridad que atravesamos unas después de otras, y algunas murallas cuya disposición no comprendí, ese sitio no me pareció demasiado hostil. Nuestro automóvil terminó por estacionar frente a una gran residencia. Enseguida apareció Mabruka, como si fuera la dueña del lugar. "¡Entra! Y pon las cosas en tu cuarto". Seguí a las muchachas que habían ingresado por una entrada de hormigón en suave pendiente, seguida por algunos escalones descendentes y una puerta con detector de metales. Allí el aire era fresco y muy húmedo. Estábamos en un subsuelo. Amal, la chica que había viajado conmigo en el auto, me señaló un pequeño cuarto sin ventana: "Esa será tu habitación". Abrí la puerta. Las paredes estaban recubiertas por espejos, de modo que era imposible evitar ver la propia imagen. Dos pequeñas camas estaban ubicadas a ambos lados de la pieza, equipada con una mesa, un minitelevisor y un pequeño cuarto de baño. Me desvestí, tomé una ducha y me acosté para dormir. Pero no pude hacerlo. Encendí el televisor y lloré suavemente mientras escuchaba canciones egipcias.

En mitad de la noche, Amal entró a mi cuarto. "¡Ponte rápido un lindo camisón! Las dos subiremos a ver al Guía". Me puse el rojo. Amal era una verdadera belleza. En short y un pequeño top de satén, estaba realmente hermosa: hasta yo me quedé impresionada. Subimos por una pequeña escalera que no había visto antes, situada a la derecha de mi cuarto, y llegamos a la puerta de la habitación de Gadafi, que se encontraba justo arriba de la mía. Una habitación inmensa, revestida en parte por espejos, con una gran cama de baldaquín enmarcada en tules rojos, como la de los sultanes de *Las mil y una noches*, una mesa redonda, estantes con algunos libros y DVD, y una colección de frascos de perfumes orientales que se pasaba frecuentemente por el cuello, un escritorio donde había una gran computadora. Frente a la cama, una puerta corrediza daba a un cuarto de baño en el que se hallaba un enorme *jacuzzi*. ¡Ah, me olvidaba! Cerca del escritorio, habían instalado un pequeño rincón reservado para la plegaria, con algunas ediciones preciosas del Corán. Lo menciono porque me intrigó y porque nunca vi rezar a Gadafi. Nunca. Salvo una vez en África, cuando debió pronunciar una gran plegaria pública. Cuando pienso en ello, me digo: ¡qué farsa!

Cuando entramos a su habitación, él estaba sentado en su cama vestido con ropa deportiva roja. "¡Ah! –rugió–. ¡Vengan a bailar, zorritas! ¡Vamos! ¡Hop! ¡Hop!". Puso el mismo viejo casete en un grabador y chasqueó los dedos balanceándose un poco. *"Tienes ojos penetrantes que podrían matar…"*. ¡Cuántas veces oí esa canción ridícula! Nunca se cansaba de escucharla. Amal se esforzó, entrando totalmente en su juego, lanzándole miradas, terriblemente provocadora. Yo no lograba hacerlo. Ella se meneaba, sacudía las nalgas, los senos, cerraba los ojos levantando lentamente sus cabellos para dejarlos caer después, y daba vueltas con la cabeza echada hacia atrás. Yo permanecía alerta, rígida, mirándolo con odio. Entonces ella se acercó a mí para incluirme en su baile, rozó mi cadera, deslizó un muslo entre mis piernas, incitándome a imitar sus movimientos. "¡Sí, sí, mis zorras!", gritaba el Guía.

Se desvistió, me hizo señas de que siguiera bailando y llamó a Amal junto a él. Ella fue y empezó a succionarle el sexo. No podía creer lo que veía. Pregunté esperanzada: "¿Salgo ahora?". "¡No! ¡Ven aquí, zorra!". Gadafi me tiró del cabello, me obligó a sentarme y me besó, o más bien, me mordió la cara mientras Amal seguía. Luego, siempre aferrándome el cabello: "Mira y aprende lo que hace ella. Tú tendrás que hacer lo mismo". Le agradeció a Amal y le pidió que se fuera y cerrara la puerta. Después se arrojó sobre mí y se encarnizó conmigo durante un largo tiempo. Mabruka entraba y salía como si no pasara nada. Le comunicaba mensajes –"Leila Trabelsi pide que la llame"– hasta que en un momento dijo: "Bueno, ahora termine de una vez, que tiene otras cosas que hacer". Quedé pasmada. Ella podía decirle lo que se le ocurriera. Incluso creo que él le tenía miedo. Fue al baño y se sumergió en el *jacuzzi*, en el que ella había hecho correr el agua, y me gritó: "Alcánzame una toalla". Tenía toallas al alcance de su mano, pero quería que yo lo sirviera. "Perfúmame la espalda". Luego me mostró un timbre que estaba cerca del grabador. Lo toqué. Mabruka entró en el acto. "Dale algunos DVD a esta zorrita para que aprenda su trabajo".

Salma llegó a mi cuarto cinco minutos más tarde, con un lector de DVD, que le pidió prestado a otra interna, y una pila de discos. "Aquí tienes porno. ¡Míralo bien y aprende! El amo se enfurecerá si no estás preparada. ¡Es tu tarea escolar!".

Dios mío, la escuela… Era algo ya tan lejano… Me duché. Amal, aunque tenía su propia habitación, se instaló en la cama de al lado. Hacía una semana que no hablaba con nadie y ya no soportaba la angustia y la soledad.

—Amal, no sé qué hago aquí. Esta no es mi vida, no es normal. Extraño a mamá todo el tiempo. ¿Podré al menos llamarla por teléfono?

—Se lo comentaré a Mabruka.

Me dormí, exhausta.

Golpearon la puerta de mi habitación y Salma entró bruscamente. "¡Sube así como estás! ¡Rápido! ¡Tu amo quiere verte!". Eran las ocho de la mañana: yo había dormido unas pocas horas. Evidentemente, Gadafi también acababa de despertarse. Todavía estaba en la cama, despeinado, y se estaba desperezando. "¡Ven a mi cama, zorra!". Salma me empujó violentamente. "Y tú, tráenos el desayuno a la cama". Me arrancó la ropa y me saltó encima con furia. "¿Miraste los videos? ¡Habrás aprendido qué tienes que hacer!". Rugía y me mordía por todas partes. Me violó otra vez. Luego se levantó para comer su diente de ajo, con lo que su aliento apestaba todo el tiempo. "¡Ahora vete, zorra!". Al salir, me crucé con Galina y otras dos enfermeras ucranianas que entraban a su cuarto. Y esa mañana comprendí que estaba en manos de un loco.

Pero ¿quién lo sabía? Papá, mamá, los libios: todo el mundo ignoraba lo que sucedía en Bab al Azizia. Todos le tenían un miedo atroz a Gadafi porque resistirse a él o criticarlo equivalía a una condena a prisión o a muerte, y él era realmente aterrador, aunque lo llamaran Papá Muamar y cantaran el himno frente a su fotografía. Sin embargo, de allí a imaginar lo que me había hecho… Era tan humillante, tan ofensivo, tan increíble… ¡Eso! ¡Era increíble! ¡Por lo tanto, nadie me creería! Nunca podría contar mi historia. Porque se trataba de Muamar, y además de haber sido deshonrada, sería tomada por loca.

* * * * *

Estaba rumiando todas estas ideas cuando Amal asomó su cabeza por la puerta de mi habitación: "¡No te quedes aquí, vamos a conocer el lugar!". Caminamos por el pasillo, subimos cuatro escalones y nos encontramos en una cocina grande y bien equipada. En una de las paredes había un póster con la imagen de una joven morena, un poco mayor que yo: Amal me dijo que era Hana Gadafi, la hija adoptiva del coronel. Mucho más tarde me enteré de que habían anunciado falsamente su muerte en 1986, tras un bombardeo norteamericano a Trípoli ordenado por Reagan. Pero en Bab al Azizia no era un secreto para nadie que no solo estaba viva, sino que era la hija preferida del Guía. Amal preparó café y sacó un pequeño teléfono móvil. Abrí los ojos con asombro.

–¿Cómo es posible que tengas un teléfono?

–¡Mi amor! ¡No olvides que hace más de diez años que vivo entre estas paredes!

La cocina se prolongaba en una especie de cafetería que, poco a poco, se llenó de jóvenes muy bellas, bien maquilladas, acompañadas por dos muchachos que llevaban la insignia del servicio del protocolo. Las chicas hablaban fuerte y se reían. "¿Quiénes son?", le pregunté a Amal. "Invitadas de Muamar. Siempre tiene invitadas. Pero te ruego que seas discreta y no hagas más preguntas".

Había movimiento, y vi que las enfermeras ucranianas, con uniformes blancos o chaquetas de color turquesa, iban y venían. Supuse que les tomarían muestras de sangre a todas las invitadas... Como Amal había desaparecido, preferí volver a mi habitación.

¿Qué podía decirles a esas chicas que parecían felices ante la idea de conocer al Guía? ¿"Ayúdenme a salir de aquí"? Antes de poder explicar mi historia, me atraparían y me arrojarían a un calabozo.

Estaba acostada en la cama cuando Mabruka empujó mi puerta (me habían prohibido cerrarla del todo): "¡Mira los DVD que te dimos! ¡Es una orden!". Puse el primero sin tener la menor idea de lo que vería. Era la primera vez que tenía relación con el sexo. Me encontraba en territorio desconocido: me sentí al mismo tiempo desamparada y totalmente asqueada. Pronto me quedé dormida. Amal me despertó para llevarme a almorzar a la cocina. ¡Es increíble lo mal que se comía en casa del presidente de Libia! La comida se servía en escudillas de metal blanco y era repugnante. Mi sorpresa hizo sonreír a Amal que, al salir, me invitó a visitar su cuarto. Allí nos sorprendió Mabruka. Aulló: "¡Cada una a su cuarto! ¡Tú lo sabes perfectamente, Amal! No pueden visitarse. ¡No vuelvan a hacerlo nunca más!".

En mitad de la noche, la jefa vino a buscarme: "Tu amo te reclama". Abrió la puerta de su habitación y me arrojó hacia él. Me hizo bailar. Luego, fumar. Una y otra vez. Después usó una tarjeta para recoger un polvo blanco muy fino. Tomó un papel, lo enrolló y aspiró por la nariz. "¡Vamos, haz como yo! ¡Aspira, zorra! ¡Aspira! ¡Verás el resultado!".

Lo hice. Me irritó la garganta, la nariz, los ojos. Tosí. Sentí náuseas. "¡Es porque no tomaste bastante!". Humedeció un cigarrillo con su saliva, lo impregnó con el polvo de cocaína y lo fumó lentamente, obligándome a aspirar bocanadas y tragar el humo. Empecé a sentirme mal. Estaba consciente, pero no tenía fuerzas. "¡Ahora, baila!".

La cabeza me daba vueltas, ya no sabía dónde estaba, todo se había vuelto confuso, brumoso. Él se levantaba para golpear las manos, marcar el ritmo y volverme a poner el cigarrillo en la boca.

Me desmoroné y él me violó salvajemente. Una vez más. Y otra
vez. Estaba excitado y violento. A veces se detenía, se ponía las gafas y leía un libro por unos minutos. Luego volvía a mí, me mordía,
me aplastaba los senos, volvía a violarme, y luego se dirigía a su
computadora para revisar su correo o iba a decirle algo a Mabruka.
Y me violaba otra vez. Volví a sangrar. Hacia las cinco de la mañana,
me dijo: "¡Vete!". Regresé a mi cuarto y lloré.

* * * * *

Al final de la mañana, Amal me propuso almorzar. No quería salir de mi cuarto, no sentía deseos de ver a nadie. Pero ella insistió
y fuimos a comer a la cafetería. Era viernes, día de plegarias. Nos
sirvieron un cuscús. Luego vi llegar a un grupo de muchachos son-
rientes, que parecían sentirse muy cómodos. "¿Es la nueva?", le
preguntaron a Amal al verme. Ella asintió con la cabeza. Entonces
los muchachos se presentaron, decididamente afables: Jalal, Faisal,
Abdelhaim, Alí, Adnane, Hussam. Luego se dirigieron a la habitación del Guía. Ese día experimenté el segundo gran impacto de mi
vida. Y mi mirada se mancilló para siempre. No le cuento esto de
buena gana. Me fuerzo a hacerlo porque me comprometí, y para
que usted entienda por qué ese monstruo gozaba de una absoluta impunidad. Porque las escenas son tan crudas y desagradables
de describir, tan humillantes y vergonzosas para el testigo al que
él convertía insidiosamente en cómplice, que nadie hubiera podido correr el riesgo de contar las perversiones de un tipo que
tenía derecho de vida o de muerte sobre cualquiera y ensuciaba
a todos los que tenían la mala suerte de acercarse a él.

Mabruka me llamó: "Vístete, tu amo te requiere". En su lenguaje, eso significaba: "Desvístete y sube". Otra vez empujó la puerta y

una escena increíble surgió ante mis ojos. El Guía, desnudo, sodomizaba al muchacho llamado Alí, mientras Hussam bailaba, vestido
de mujer, al son de la misma canción lánguida. Quise irme, pero
Hussam gritó: "¡Amo, Soraya está aquí!" y me hizo señas de que
bailara con él. Yo estaba paralizada. Entonces Gadafi me llamó:
"¡Ven, zorra!". Soltó a Alí y me aferró con furia. Hussam bailaba, Alí
miraba, y por segunda vez en pocos días, quise morir. No tenían
derecho a hacerme eso.

Luego entró Mabruka, les ordenó a los muchachos que salieran,
y le dijo a Gadafi que debía terminar con eso porque había una
urgencia. Me dijo que me fuera y se retiró de inmediato. Corrí a mi
cuarto sollozando y me quedé un largo rato bajo la ducha. Me la-
vaba y lloraba. No podía parar. Él estaba loco, todos estaban locos.
Era una casa de chiflados, y yo no quería ser como ellos. Quería a
mis padres, a mis hermanos, a mi hermana, quería mi vida de antes.
Y ya no era posible. Todo se había arruinado. Él era repugnante. Y
era el presidente.

Amal vino a verme y le supliqué: "Por favor, habla con Mabruka.
No puedo más, quiero ir con mi mamá…". Por primera vez, la vi con-
movida. "¡Oh, mi pequeña! –me dijo, tomándome en sus brazos–.
Tu historia es tan parecida a la mía. A mí también me encontraron
en la escuela. Y tenía catorce años". Ahora tenía veinticinco, y su vida
le causaba horror.

# 4
## RAMADÁN

Una mañana, me enteré de que Gadafi y su pandilla debían partir en viaje oficial a Dakar y que yo no iría con ellos. ¡Qué alivio! Durante tres días pude respirar y navegar sin presiones entre mi cuarto y la cafetería, donde me encontraba con Amal y otras muchachas; entre ellas, Fathia, que se habían quedado de guardia en Bab al Azizia. Ellas fumaban, bebían café y parloteaban. Yo permanecía en silencio, al acecho de cualquier información sobre el funcionamiento de esa comunidad desquiciada. Lamentablemente, no decían nada importante. ¡Solo supe, de manera fortuita, que Amal podía salir de día de Bab al Azizia con un chofer! Y eso me dejó estupefacta. ¿Era libre... y volvía? ¿Cómo era posible? ¿Por qué no huía, como yo soñaba hacerlo a cada instante desde que estaba entre esas paredes? Había muchas cosas que no entendía.

Descubrí también que casi todas las muchachas, consideradas "guardias revolucionarias", poseían una tarjeta, que yo tomé por una insignia, pero que era en realidad un verdadero documento de identidad. Tenía su foto, un apellido, un nombre y el título "Hija de Muamar el Gadafi" escritos en trazo grueso, sobre la firma personal del Guía y su pequeña foto. Ese título de "hija" me parecía extravagante. Pero la tarjeta era evidentemente una especie de salvoconducto para desplazarse por el interior de Bab al Azizia, e incluso para salir a la ciudad, atravesando las innumerables puertas de seguridad vigiladas por soldados armados. Mucho más tarde supe que nadie se engañaba sobre el estatus de esas "hijas" y su verdadera función. Pero a ellas les gustaba tener esa tarjeta. Sin duda, las tomaban por prostitutas. Pero ¡atención! Las prostitutas del Guía supremo. Eso hacía que las trataran en todas partes con consideración.

Al cuarto día, los viajeros estaban de regreso y el subsuelo entró en ebullición. El Guía había traído muchas africanas, algunas muy jóvenes y otras de mayor edad, maquilladas, escotadas, vestidas con túnicas o con jeans. Mabruka actuaba como dueña de casa y las atendía. "¡Amal! ¡Soraya! ¡Vengan rápido a servir el café y los pasteles!". Así que nos desplazamos ida y vuelta entre la cocina y los salones, zigzagueando entre esas muchachas alegres e impacientes por ver al coronel. Él estaba aún en su oficina, conversando con algunos señores africanos de aspecto importante. Pero, cuando estos partieron, vi que las mujeres subían una después de otra a la habitación del Guía. Las miraba de lejos y ardía en deseos de decirles: "¡Cuidado, es un monstruo!", pero también: "¡Ayúdenme a salir de aquí!". Mabruka sorprendió mi mirada y se disgustó porque nos habíamos quedado en la pieza, cuando ella le había pedido a Faisal que sirviera a los invitados. "Vuelvan a sus habitaciones", ordenó golpeando las manos.

A la noche, Salma me despertó y me llevó a la habitación de mi "amo". Él me hizo fumar un cigarrillo, otro, otro, y luego me... ¿Qué palabra usar? Es tan degradante. Yo no era más que un objeto, un agujero. Apreté los dientes, temiendo los golpes. Luego puso un casete de Nawal Ghachem, la cantante tunecina, y me exigió que bailara, una y otra vez, en esta oportunidad, completamente desnuda.

Entró Salma y le susurró unas palabras al oído. Él me dijo: "Puedes irte, mi amor". ¿Y ahora qué le pasaba? Siempre se había dirigido a mí con insultos.

Una policía de veintitrés años vino al día siguiente a mi cuarto. "Es Najah –dijo Mabruka–. Pasará dos días contigo". La muchacha parecía bastante simpática, directa, con un toque de insolencia en la mirada. Y tenía muchas ganas de hablar. "¿Sabes que todos esos son realmente unos desgraciados? –me dijo el primer día–. No cumplen ninguna promesa. ¡Hace siete años que estoy con ellos, y nunca me recompensaron! ¡No tengo nada! ¡Nada! ¡Ni siquiera una casa!". Debo desconfiar, me dije. Sobre todo, no seguirle el juego. A lo mejor quería tenderme una trampa. Pero ella siguió, con un tono cómplice, y me ablandé.

–Me enteré de que eres la nueva. ¿Te acostumbras a la vida de Bab al Azizia?

–No te imaginas cuánto extraño a mi madre.

–Ya se te pasará…

–¡Si al menos pudiera comunicarme con ella!

–¡Pronto sabrá lo que haces!

–¿No tienes un consejo para que pueda verla?

–¡Si tuviera que darte un consejo, te diría que no te quedes aquí!

–¡Pero estoy cautiva! ¡No tengo opción!

–Yo me quedo dos días, me acuesto con Gadafi, recibo un poco de dinero, y vuelvo a mi casa.

–¡Pero tampoco quiero eso! ¡Esto no es mi vida!

–¿Quieres salir? ¡Pues empieza a molestar! Resiste, haz ruido, crea problemas.

–¡Me matarían! ¡Sé que son capaces de hacerlo! Cuando me resistí, él me molió a palos y me violó.

—Puedes decirte a ti misma que a él le gustan las testarudas.

Acto seguido, miró un DVD porno, tendida sobre su cama y comiendo pistachos. "¡Ya ves, siempre hay que aprender!", me dijo, alentándome a mirar con ella. Eso me dejó perpleja. ¿Aprender? ¿No acababa de aconsejarme que resistiera? Preferí dormir.

A la noche siguiente, las dos fuimos convocadas a la habitación del Guía. Najah estaba muy excitada por la idea de volverlo a ver. "¿Por qué no te pones algo negro?", me sugirió antes de subir. Cuando se abrió la puerta, estaba desnudo, y Najah se arrojó sobre él: "¡Mi amor! ¡Cómo te extrañé!". Él parecía satisfecho: "¡Ven aquí, zorra! —Luego me miró, furibundo—: ¿Por qué usas ese color que detesto? ¡Vete! ¡Ve a cambiarte!". Bajé rápidamente la escalera, vi a Amal en su cuarto y le saqué un cigarrillo. Luego, ya en mi habitación, fumé. Fue la primera vez que lo hice por propia iniciativa. La primera vez que sentí necesidad de fumar. Salma no me dio tiempo. "¿Qué estás haciendo? ¡Tu amo te espera!". Me volvió a llevar al cuarto, en momentos en que Najah repetía concienzudamente las escenas del video. "¡Pon el casete y baila!", me ordenó Gadafi. Pero saltó de la cama, me arrancó el camisón y me arrojó al suelo para penetrarme brutalmente. "¡Lárgate!", me dijo luego, despidiéndome con un gesto de la mano. Salí con el cuerpo lleno de magulladuras.

Cuando volvió Najah, le pregunté por qué me había sugerido un color que él odiaba. "Es raro —me contestó sin siquiera mirarme—. En general, le gusta el negro. Tal vez no combina contigo... Pero en el fondo, ¿no es lo que querías? ¿Algo que lo alejara de ti?". De pronto, me pregunté si habría celos entre las muchachas de Gadafi. ¡Qué ridículo! ¡Que se lo queden!

Me desperté al día siguiente con deseos de fumar. Encontré a Amal, que bebía un café con otra chica y le pedí uno. Ella tomó su teléfono e hizo el pedido: "¿Puedes traernos unos Marlboro lights y unos Slims?". ¡No podía creer que fuera tan sencillo! Bastaba llamar a un chofer, que hacía las compras y dejaba las cosas en el garaje, donde un empleado de la residencia las recogía. "Esto no es bueno a tu edad –me dijo Amal–. No caigas en la trampa del cigarrillo".

–¡Pero si todas ustedes fuman! ¡Y tenemos la misma clase de vida!

Me lanzó una larga mirada acompañada de una sonrisa triste.

* * * * *

Se acercaba el Ramadán. Una mañana, me enteré de que todos viajaríamos a Sirte. Me volvieron a dar un uniforme, me asignaron un auto, y por algunos segundos, sentí la caricia del sol en mi rostro. Hacía semanas que no salía del subsuelo. Estaba contenta de volver a ver un poco de cielo. Al llegar a la katiba Al Saadi, Mabruka se acercó a mí: "Tú querías ver a tu madre. Pues bien: la verás". Mi corazón se detuvo. Había pensado en ella cada minuto desde mi secuestro. Soñaba con perderme en sus brazos. De noche, de día, imaginaba qué le diría, tropezaba con las palabras, repasaba mi historia e intentaba tranquilizarme diciéndome que ella comprendería sin necesidad de darle detalles. ¡Oh, Dios! Volver a ver a mis padres, a mis hermanos, a mi hermanita Nura…

El automóvil estacionó frente a nuestro edificio totalmente blanco. El trío original –Mabruka, Salma y Faiza– me acompañó hasta el porche de entrada. Corrí escaleras arriba. Mamá me esperaba en nuestro apartamento del segundo piso. Los niños estaban en la escuela. Nos abrazamos muy fuerte y lloramos. Ella me besaba, me miraba, reía, sacudía la cabeza, se enjugaba las lágrimas: "¡Oh, Soraya! Me rompiste el corazón. ¡Cuenta! ¡Cuenta!". Yo no podía. Decía que no con la cabeza, me apretaba contra su pecho.

Entonces ella me dijo, con dulzura: "Faiza me dijo que Gadafi te abrió. ¡Mi pequeña! Eres tan joven para convertirte en mujer...". Faiza ya estaba subiendo por la escalera. Oí su voz potente: "¡Es suficiente! ¡Baja!". Mamá se aferró a mí. "¡Déjeme a mi niña!". La otra llegó, con expresión severa. "Que Dios nos ayude –dijo mamá–. ¿Qué les diré a tus hermanos? Todo el mundo pregunta dónde estás. Yo contesto que viajaste a Túnez a visitar a la familia, o a Trípoli con tu papá. Les miento a todos. ¿Qué podemos hacer, Soraya? ¿Qué será de ti?". Faiza me separó de mamá por la fuerza. "¿Cuándo me la volverán a traer?", preguntó mamá entre lágrimas. "¡Algún día!". Y partimos nuevamente.

Fathia me estaba esperando. "Tu amo te llama". Cuando entré a esa habitación color arena, en la que me había violado semanas atrás, vi a Galina y otras cuatro ucranianas. Galina masajeaba a Gadafi, y las demás estaban sentadas alrededor. Esperé cerca de la puerta, enfundada en mi uniforme, aún conmocionada por mi visita a mamá. ¡Cómo me repugnaba ese monstruo que se creía Dios, que hedía a ajo y sudor y solo pensaba en el sexo! Cuando las enfermeras salieron, me ordenó: "¡Desvístete!". Habría querido gritar "¡pobre tipo!" y salir dando un portazo, pero hice lo que me dijo, desesperada. "¡Móntame! Aprendiste tus lecciones, ¿no? ¡Y no comas tanto! ¡Has engordado, y eso no me gusta!". Al final, hizo algo que nunca había hecho hasta entonces. Me arrastró cerca del *jacuzzi*, me hizo subir al borde de la ducha y orinó sobre mí.

Yo compartía mi cuarto con Farida, la misma chica de mi primera estadía en la katiba. La encontré tumbada, con náuseas y muy pálida. "Tengo hepatitis", me dijo.

–¿Hepatitis? Pero yo creía que el Guía le tenía fobia a las enfermedades...

–Sí, pero parece que esta no se transmite por el sexo.

¿Entonces cómo se transmitía? Empecé a tener miedo. Esa misma noche, Gadafi nos mandó llamar a ambas. Él estaba desnudo, impaciente, y vio primero a Farida: "¡Ven, zorra!". Yo aproveché: "¿Entonces me puedo ir?". Me miró con ojos de loco: "¡Baila!". Me dije: "¡Se acuesta con una enferma y después lo hará conmigo!". Y lo hizo, mientras le ordenaba bailar a Farida.

Nos quedamos tres días en Sirte. Gadafi me llamó muchas veces. Podíamos ser dos, tres, cuatro chicas al mismo tiempo. No hablábamos entre nosotras. Cada una tenía su historia. Y su propia desgracia.

* * * * *

Finalmente llegó Ramadán. Para mi familia, era una época sagrada. Mi madre era muy estricta en eso. No comíamos desde que salía el sol hasta que se ponía, decíamos las oraciones y, a la noche, comíamos cosas deliciosas. Pensábamos en ello todo el día, antes de reunirnos en familia. Una vez, mamá nos llevó a Marruecos y a Túnez para compartir ese momento con mi abuela y la suya. Fue realmente maravilloso. Desde la edad de dos años, nunca había faltado al Ramadán ni imaginé que se pudieran transgredir sus reglas. Pero la noche anterior, aquella en la que uno se debe preparar espiritualmente para entrar a ese tiempo particular, en el que deben acallarse los deseos y los sentidos, Gadafi se encarnizó conmigo. Eso duró horas. Yo me sentía mortificada. "¡Está prohibido, es Ramadán!", le imploré al amanecer. Salvo órdenes e insultos, jamás me dirigía la palabra. Sin embargo, esta vez se dignó a contestar, entre dos rugidos: "Solo está prohibido comer". Sentí que era una blasfemia.

Así que no respetaba nada. ¡Ni siquiera a Dios! Violaba todos sus mandamientos. ¡Lo desafiaba! Bajé a mi cuarto, conmocionada.

Tenía que hablar enseguida con alguien. Con Amal o con alguna otra muchacha. Había sufrido un terrible impacto. Pero no encontré a nadie. Me habían prohibido aventurarme por los corredores y el laberinto del subsuelo iluminado por luces de neón. Mi perímetro estaba estrictamente limitado: mi cuarto, su cuarto, la cocina, la cafetería, en algunos casos los salones de recepción próximos a su oficina y su pequeño gimnasio personal. Eso era todo. Oí pasos y ruidos de puertas encima de mi habitación y comprendí que Amal y otras chicas se dirigían al cuarto del Guía. ¡El día del Ramadán! Cuando nos encontramos en la cena, les transmití mi estupefacción. Lo que se hacía allí era muy grave, ¿no? ¡Se rieron a carcajadas! Mientras no gozara, les había explicado él, mientras no eyaculara, no tenía importancia para Alá... Abrí grandes los ojos. Eso las hizo reír más fuerte. "Es Ramadán al estilo Gadafi", resumió una de las chicas.

Gadafi me hizo subir a su cuarto a lo largo de todo el mes de Ramadán. A cualquier hora del día o de la noche. Fumaba, me violaba, me golpeaba y rugía. Y poco a poco, me permití comer sin preocuparme por la hora. ¿Para qué respetar reglas en un universo que no tenía ni encuadre, ni ley, ni lógica? Hasta llegué a preguntarme por qué mi madre hacía tanto escándalo con el Ramadán.

La vigesimoséptima noche se llama la noche del Destino y conmemora el comienzo del recitado del Corán al Profeta. En ese día suelen celebrarse grandes fiestas nocturnas y supe que, en efecto, Gadafi recibiría a una multitud de invitados prestigiosos en sus salones y en una tienda contigua. Mabruka nos convocó a todas para servir pasteles y frutas. Yo llevaba ropa informal negra con una banda roja en el costado, y recuerdo que mi cabello, largo hasta la cintura, no estaba recogido con una cinta o un rodete como solía llevarlo. Los invitados llegaron en masa, y los tres grandes salones se llenaron. Muchas mujeres africanas, de espectacular belleza. Hombres con corbata, militares. Lamentablemente, no reconocí a nadie. ¡Solo a uno! Nuri Mesmari, el director general del protocolo, con el cabello y la barba teñidos de rubio y un ojo de vidrio detrás de finos anteojos. Lo había visto en la televisión y me produjo un efecto extraño verlo revolotear entre los invitados. Llegó otro hombre, Saad Al Falah, que parecía conocer personalmente a las chicas y le dio a cada una de ellas un sobre con 500 dinares. Dinero de bolsillo, me explicaron. Al cruzar varias veces su mirada, sentí que había reparado en mí. Se acercó sonriendo: "¡Ah! ¡Esta es la nueva! ¡Pero díganme si no es una monada!". Mientras hablaba, me pellizcaba las mejillas, en una actitud entre licenciosa y paternal. La escena no se le escapó a Mabruka, que lo llamó instantáneamente: "¡Saad, ven a verme!". Amal, que estaba cerca de mí, me susurró al oído: "¡Ella vio todo! Vuelve ya a tu cuarto. Es grave, te lo aseguro".

Salí rápidamente de allí, bastante angustiada. Una o dos horas más tarde, Mabruka empujó la puerta de mi cuarto: "¡Sube!". Me presenté en el cuarto del Guía, seguida por Mabruka. Él se estaba vistiendo, y me miró enojado.

–Ven aquí, zorra… ¿Así que te diviertes con tu cabello y provocas a todo el mundo? ¿Estás jugando a la seductora? Claro, es normal: ¡tu madre es tunecina!

–¡Le juro que no hice nada, amo!

–¿No hiciste nada, zorra? ¿Te atreves a decir que no hiciste nada?

–¡Nada! ¿Qué hice?

–¡Algo que no harás nunca más, pedazo de puta!

Enseguida me atrapó por los cabellos con violencia, me obligó a ponerme de rodillas y le ordenó a Mabruka: "¡Dame un cuchillo!". Creí que me mataría. Tenía la mirada de un demente: sabía que era capaz de todo. Mabruka le tendió un cuchillo. Él lo tomó y, siempre manteniendo mi cabellera en su puño de hierro, la empezó a cortar, furioso, con grandes cuchilladas secas, mientras lanzaba terribles gruñidos. "¿Creías que podías jugar con eso, eh? Pues bien: ¡se terminó!". Mechones de cabellos negros caían a mi lado. Él siguió cortando. Luego se apartó bruscamente: "¡Termina!", le ordenó a Mabruka.

Yo sollozaba, traumatizada, incapaz de controlar el temblor de mi cuerpo. En cada cuchillada, creía que me cortaría la garganta o me partiría el cráneo. Me quedé en el piso, como un animal al que podía decidir matar. Parte del cabello me llegó a los hombros y en el hueco de aquellos que él había arrancado solo sentía frío. Fue una verdadera carnicería. "¡Qué fea estás!", exclamó Farida cuando se cruzó conmigo más tarde, sin que le importara el motivo de esa masacre. No volví a ver a Gadafi durante varios días. En cambio, vi a su esposa.

Fue en la fiesta del Eid al Fitr, el día de la ruptura del ayuno, el final oficial del Ramadán. Por lo general, es una bonita fiesta familiar, con plegarias a la mañana, un breve paso por la mezquita y luego una visita a parientes y amigos. Adoraba ese día de pequeña. Pero ¿qué podía esperar, o más bien temer, de esa fiesta en Bab al Azizia? No tenía la menor idea. Mabruka nos reunió por la mañana: "¡Rápido, vístanse correctamente! ¡Y pórtense bien! Vendrá la mujer del Guía". ¿Safia? ¿La esposa? Había visto su foto en el pasado, pero nunca me había cruzado con ella desde mi secuestro. Creí entender que ella tenía su propia casa dentro del territorio de Bab al Azizia, pero Gadafi nunca dormía allí, y solo se cruzaban muy de vez en cuando en manifestaciones públicas. El Guía, "enemigo de la poligamia", vivía con muchas mujeres, pero no con la suya. Solo se sabía que iba todos los viernes a encontrarse con sus hijas, a su casa de El Morabaat, situada sobre la ruta al aeropuerto. El anuncio de la llegada de Safia provocó una pequeña revolución: las esclavas sexuales debían simular que eran criadas y mucamas. Cuando Safia entró a la casa, después de muchos otros visitantes, imponente, con aire altivo, y se dirigió a la habitación del Guía, yo estaba en la cocina con las otras muchachas, ocupada en lavar los platos, limpiar el horno y fregar el piso. Una Cenicienta. En cuanto partió, Mabruka anunció en voz alta: "¡Todo vuelve a la normalidad!".

En efecto. El "amo" me mandó llamar de inmediato. "¡Baila!". También convocó a Adnán, un ex guardia de las fuerzas especiales, casado con una de sus amantes casi oficiales, padre de dos niños, a quien obligaba a frecuentes relaciones sexuales. Lo sodomizó en mi presencia, y luego gritó: "¡Ahora es tu turno, zorra!".

# 5
## HARÉN

Gadafi voló seis días a Chad, acompañado por Mabruka, Salma, Faiza y muchas otras chicas. Quizá fuera la oportunidad de tratar de ver a mamá, me dije. Fui a hablar con Mabruka y le rogué que me dejara visitarla mientras durara su ausencia. "¡De ninguna manera! —me contestó—. Te quedas en tu cuarto, siempre lista para presentarte en cualquier momento, si el amo te reclama. Enviaré un avión a buscarte". Un avión...

Entonces me dediqué a descansar mi cuerpo. Un cuerpo permanentemente cubierto de moretones y mordeduras que no cicatrizaban. Un cuerpo fatigado, que no era más que dolor, y que no me gustaba. Pasaba el tiempo fumando, picoteando, durmiendo, tendida sobre mi cama y mirando clips en el pequeño televisor de mi cuarto. Creo que no pensaba en nada. Sin embargo, un día antes de que ellos regresaran, tuve una bonita sorpresa: un chofer de Bab al Azizia había recibido la autorización de hacerme salir por media hora, para ir al centro a gastar los 500 dinares que había recibido durante el Ramadán. Era increíble. Descubrí la tibieza de la primavera y me encandiló la luz, como si fuera una ciega que descubre el sol. En mi subsuelo no había ventanas, y era tan húmedo

que Mabruka quemaba algunas hierbas para contrarrestar el olor
a moho.

El chofer me llevó a un barrio elegante, y compré ropa deportiva, zapatos, una camisa. No sabía qué comprar. Nunca había
tenido dinero personal y estaba completamente desorientada.
Además, ¿cómo vestirme? Entre su cuarto y el mío, no necesitaba
ponerme casi nada, y por lo tanto, no tenía la menor idea. ¡Qué
tonta era, cuando lo pienso! Debí comprar un libro, algo que me
permitiera soñar, evadirme o aprender sobre la vida. O un cua-
derno y un lápiz, para dibujar o escribir, pues no tenía acceso a
nada de eso en Bab al Azizia. Solo Amal tenía algunas novelas de
amor en su cuarto, y un libro sobre Marilyn Monroe que anhela-
ba leer y ella se negaba a prestarme. Pero no: no pensé en nada
inteligente o útil. Miraba a mi alrededor con avidez y desconcierto. Y mi sangre hervía. La situación me producía vértigo. Era una secuestrada a la que habían soltado por algunos minutos en una
ciudad que no sabía nada de mí, en la que los transeúntes se cruzaban conmigo en la calle sin adivinar mi historia, el vendedor me
tendía mi paquete sonriendo como si yo fuera una clienta común, un grupito de alumnas adolescentes en uniforme retozaban
cerca de mí sin pensar que yo también debería estar en la escuela
y pensar solo en estudiar y reírme. Por una vez, Mabruka no me
vigilaba. El chofer era amable, pero me sentía acorralada. Huir era
algo impensable. Mis treinta minutos de supuesta libertad me
parecieron treinta segundos.

Los viajeros regresaron al día siguiente. Oí bullicio en el subsuelo: pasos, puertas que se abrían y cerraban, voces fuertes. Evi-
té salir de mi cuarto, pero enseguida apareció Mabruka y me
ordenó, con un gesto del mentón: "¡Arriba!". Ya ni siquiera decía:
"Debes subir". El mínimo de palabras. El máximo de desprecio. Sí,

me daban el trato de una esclava. Y esa odiosa orden de ir a la habitación del amo provocó en todo mi cuerpo una corriente de estrés y de electricidad.

–¡Ah, mi amor! ¡Ven aquí! –exclamó al verme. Luego se abalanzó sobre mí gritando "¡Zorra!" y rugiendo. Era un títere al que él podía manipular y llenar de golpes. Yo ya no era un ser humano.

Fathia lo interrumpió entrando a la habitación: "Mi amo, lo necesitan, es urgente". Él me empujó y siseó entre dientes: "¡Lárgate!". Volví a bajar a mi cuarto húmedo. Ese día, y por primera vez, miré un video porno y me hice preguntas sobre el sexo. Lo poco que sabía del tema no era más que violencia, horror, dominación, crueldad y sadismo. Una verdadera sesión de tortura. Con el mismo verdugo. Ni siquiera imaginaba que pudiera ser otra cosa. Pero las actrices de los videos no interpretaban papeles de esclavas o de víctimas. Incluso elaboraban estrategias para tener relaciones sexuales, que parecían gustarles, como a sus *partenaires*. Era raro e inspiraba curiosidad.

Dos días más tarde, entró Faiza a mi cuarto con un papel en la mano. "Este es el número de tu madre. Puedes llamarla desde el escritorio". Mamá atendió enseguida: "¡Soraya! ¿Cómo estás, mi pequeña? ¡Dios mío, soy tan feliz por oír tu voz! ¿Dónde estás? ¿Cuándo puedo verte? ¿Estás bien de salud?...". Solo tenía permiso para hablar un minuto. Como los presos. Faiza dijo: "Es suficiente". Y, con un dedo sobre el aparato, interrumpió la comunicación.

\* \* \* \* \*

Y un día, ocurrió algo extraño. Najah, la policía que no le tenía miedo a nada, vino a pasar dos días a Bab al Azizia, como lo hacía de vez en cuando. Y nuevamente, compartió mi habitación. Yo seguía desconfiando un poco de sus confidencias y de su picardía, pero me divertía su descaro.

—Tengo un plan para llevarte a tomar aire fuera de Bab al Azizia —me dijo—. ¡Tengo la impresión de que te haría bien!

—¿Estás bromeando?

—De ninguna manera. Basta con un poco de astucia. ¿Qué te parece una pequeña excursión conmigo, en total libertad?

—¡Pero nunca me dejarán salir!

—¡No seas derrotista! Solo deberías fingir que estás enferma, y yo me encargaré del resto.

—¡Eso no tiene sentido! Si yo estuviera realmente enferma, me curarían aquí las enfermeras ucranianas.

—¡Déjame a mí! Yo me ocupo de todo. Tú solo tienes que decir que sí.

Fue a ver a Mabruka. No sé qué le contó, pero al volver me dijo que teníamos luz verde. Fue asombroso. Un chofer llamado Amar vino a buscarnos para llevarnos fuera de Bab al Azizia. No podía creerlo.

—Pero ¿qué le dijiste a Mabruka?

—¡Silencio! Primero vamos a mi casa, y luego te llevo a otro lado.

—¡Increíble! ¿Cómo hiciste?

—¡Je! ¡Por algo me llamo Najah!

—¡No tengo qué ponerme!

—No te preocupes. Te prestaré algo.

Fuimos a su casa, nos cambiamos y su hermana nos llevó en automóvil a una hermosa residencia de Enzara, un barrio en la periferia de Trípoli. El propietario parecía encantado de recibirnos. "Esta es Soraya: te hablé de ella", dijo Najah. El hombre me miró bien e hizo como que se interesaba mucho por mí. "¡Cuéntame! ¿Ese perro te hace daño?". Yo estaba paralizada. ¿Quién era ese tipo? ¿Podía tenerle confianza? Tuve un mal presentimiento y no le contesté casi nada. Luego sonó el teléfono de Najah. Era Mabruka. Najah alzó los ojos al cielo y dejó el teléfono sin tomar la llamada. "¿No le contestas?", pregunté. No me respondió, y se limitó a tenderle su vaso al tipo, que echó en él abundante whisky. Yo estaba desconcertada. En este país, en que la religión y la ley prohíben el alcohol, ¿había personas que se permitían beber en forma descarada? ¿Y ellos criticaban a Gadafi, que también consumía alcohol constantemente? Por otra parte, el hombre me tendió un vaso también a mí, se enojó por mi rechazo e insistió: "¡Bebe! ¡Bebe, pues! ¡Eres libre aquí!". Najah y su hermana no se hicieron rogar. Empezaron a bailar, indicando que había empezado la fiesta. Bebían, se reían y cerraban los ojos mientras se meneaban. El hombre las miraba con avidez. Llegó otro hombre, que me observó con detenimiento y sonrió. De inmediato, sentí la trampa, pero Najah no era de ninguna ayuda. Estaba completamente dispuesta a embriagarse. Di a entender que estaba cansada. Pero, por lo visto, nadie pensaba en regresar. Me mostraron una habitación. Yo estaba alerta. Y muy pronto, oí que Najah subía al cuarto de al lado con los hombres. Mientras tanto, su teléfono sonaba en el vacío.

Nadie me molestó, pero me desperté llena de angustia. Fui a la otra habitación y sacudí a Najah, que se encontraba en un estado casi comatoso y no se acordaba de nada. Sonó su teléfono. Mabruka gritó: "El chofer las está buscando desde ayer. ¡Ya verán qué les hará el amo!". Najah entró en pánico. Ella me había mentido, me había traicionado, me había involucrado en un plan absurdo para ofrecerme como carnada a unos hombres. Sentí asco. Haber sido secuestrada por Gadafi no me convertía automáticamente en una puta.

El regreso fue violento. Mabruka no estaba, pero Salma nos ordenó a ambas que subiéramos a la habitación del Guía. Hervía de cólera. Le dio una violenta bofetada a Najah bramando: "¡Ahora sal, no quiero verte nunca más!". Me arrojó sobre la cama y desahogó toda su furia en mi cuerpo.

Cuando terminó, murmuró entre dientes: "¡Todas las mujeres son putas! –Y agregó–: ¡Aisha es una reverenda puta!". Creo que se refería a su madre.

Pasó un mes sin que me tocara. Acababan de llegar dos muchachas nuevas procedentes de ciudades del este: la de Baida tenía trece años, y la de Darnah, quince. Las vi subir a la habitación de Gadafi, bellas, con el aire inocente e ingenuo que debía de tener yo un año atrás. Sabía exactamente qué les esperaba. Pero no podía hablarles ni hacerles la menor señal. "¿Viste a las nuevas?", me preguntó Amal. No se quedaron mucho tiempo. Él necesitaba chicas todos los días. Las probaba y las tiraba o bien, según me dijeron, las "reciclaba". Yo no sabía todavía qué significaba eso.

* * * * *

Pasaban los días, las estaciones, las fiestas nacionales y religiosas, los Ramadanes. Poco a poco, fui perdiendo la noción del tiempo. En el subsuelo, la iluminación era la misma de día y de noche. Y mi vida se limitaba a ese estrecho perímetro, dependiendo de los deseos y humores del coronel. Cuando hablábamos entre nosotras, no le dábamos ni nombre ni título. "Él" bastaba y sobraba. Nuestra vida gravitaba alrededor de la suya. No cabía ninguna confusión.

No sabía nada de la marcha del país ni de las agitaciones del mundo. A veces, me llegaba algún rumor de una cumbre de dirigentes africanos o la visita de un jefe de Estado importante. La mayoría de las reuniones se realizaban bajo la tienda oficial, a la que

"Él" llegaba en un carrito de golf. Antes de los reportajes o de las conversaciones importantes, como antes de todas sus presentaciones públicas, fumaba hachís o tomaba cocaína. Casi siempre se encontraba bajo el efecto de sustancias. En los salones de la casa, se organizaban con frecuencia fiestas y cócteles. Allí concurrían los dignatarios del régimen y múltiples delegaciones extranjeras. Nos fijábamos en primer lugar en las mujeres, porque era lo que a él le interesaba: Mabruka tenía la misión de atraerlas a la habitación del coronel. Estudiantes, artistas, periodistas, modelos, hijas o esposas de notables, de militares, de jefes de Estado. Cuanto más prestigiosos eran los padres o los maridos, más suntuosos debían ser sus obsequios. Una pequeña pieza adyacente a su oficina servía de caverna de Alí Babá: allí colocaba Mabruka los regalos. He visto Samsonites repletas de fajos de dólares y euros, estuches de joyas, alhajas de oro que se obsequiaban generalmente para las bodas, collares de diamantes. La mayoría de las mujeres debía someterse a una extracción de sangre. La realizaban las ucranianas en forma discreta, en un pequeño salón con asientos rojos, ubicada frente a la oficina de los guardias. Es probable que esto no se aplicara a las esposas de los jefes de Estado, no lo sé. Lo que me divertía era verlas dirigirse a su habitación, engalanadas, con su cartera de marca en la mano, y salir de allí con el rouge baboseado y el rodete deshecho.

Leila Trabelsi, la esposa del dictador tunecino Ben Alí, era, evidentemente, una de sus visitantes asiduas. Vino muchas veces. Mabruka la adoraba. "¡Leila, mi amor!", exclamaba, siempre feliz de tenerla en el teléfono o de anunciar su llegada. Ningún regalo era demasiado hermoso para ella. Recuerdo sobre todo una caja, una especie de estuche recubierto en oro. Con el correr del tiempo, he visto pasar por la residencia a muchas esposas de jefes de Estados africanos, cuyos nombres no conozco. Y también vi a Cecilia

Sarkozy, la esposa del presidente francés, bonita, altiva: las otras muchachas se apresuraron a señalármela. En Sirte, vi a Tony Blair saliendo de la casa rodante del Guía. "*Hello, girls!*", nos lanzó, con un gesto amistoso y una alegre sonrisa.

Desde Sirte, íbamos a veces al desierto. A Gadafi le gustaba plantar allí su tienda, rodeada de manadas de dromedarios y en el medio de la nada. Se instalaba allí para tomar té, conversar durante horas con ancianos de su tribu, leer y dormir la siesta. Nunca dormía allí de noche: prefería el confort de su casa rodante. Allí era donde nos llamaba. A la mañana, teníamos que acompañarlo a cazar, todas vestidas de uniforme. Se alimentaba el mito de las mujeres guardaespaldas y Zorah, una verdadera militar, se aseguraba de que me comportara como una profesional. Un día le encargaron que me enseñara a manejar una kaláshnikov: desmontarla, cargarla, armarla, limpiarla. "¡Tira!", me gritó cuando tenía el arma sobre el hombro. Me negué. Jamás disparé un tiro.

También descubrí la afición de Gadafi a la magia negra. Era por influencia directa de Mabruka. Decían que de ese modo lo dominaba. Ella iba a consultar a los morabitos y a los brujos de toda África y a veces los llevaba a ver al Guía. Él no usaba talismanes, pero se ponía ungüentos misteriosos en el cuerpo, que siempre estaba engrasado, recitaba fórmulas incomprensibles y siempre tenía a mano su pequeña toalla roja.

El pequeño equipo de enfermeras lo acompañaba a todas partes. Galina, Elena, Claudia... Vestidas estrictamente con uniformes blancos y azules, sin maquillaje, trabajaban en el pequeño hospital de Bab al Azizia, pero podían llegar en menos de cinco minutos si él las necesitaba. Se encargaban no solo de tomar las muestras de sangre obligatorias antes de los encuentros sexuales del Guía, sino también de su cuidado personal y de vigilar diariamente su salud y

su alimentación. Cuando me preocupé por cuestiones de anticon-
cepción, me respondieron que Galina le daba unas inyecciones a
Gadafi que lo volvían infértil. No sé mucho más que eso, y nunca
debí enfrentarme, como otras antes que yo, con el problema del
aborto. Todas ellas lo llamaban "papá", aunque tenía relaciones
sexuales con la mayoría de ellas. Por otra parte, Galina se quejó un
día ante mí. Pero ¿acaso existía una sola mujer a la que no hubiera
querido poseer al menos una vez?

# 6
## ÁFRICA

Un día, Jalal se enamoró de mí. Bueno: creyó enamorarse de mí. Me lanzaba miradas insistentes, me sonreía cuando nos cruzábamos cerca de la cocina, me deslizaba un cumplido. Eso me turbaba. ¡Tenía tanta necesidad de que alguien se interesara por mí! No sabía que era homosexual. Gadafi lo sodomizaba, pero yo era tan ignorante que pensaba que era una práctica repugnante, pero quizás habitual entre hombres. El Guía tenía muchos *partenaires*, incluso entre los altos oficiales del ejército. Yo necesitaba cariño, y la idea de que un hombre tierno fuera amable conmigo me conmovió. Él buscaba oportunidades de contacto, rozaba mi mano al pasar, me decía al oído que me amaba e incluso que pensaba en el casamiento; me decía: "¿No te diste cuenta de que te miro desde el primer día?". No, no me había dado cuenta, sumida en mi angustia y mi soledad. De todos modos, allí estaban prohibidos los vínculos afectuosos.

Pero Jalal se envalentonó y le fue a decir al Guía que tenía intenciones de casarse conmigo. Gadafi nos llamó a ambos. Se rio con sarcasmo. "¿Así que suponen que están enamorados? ¿Y tienen la osadía de decírmelo a mí, su amo? ¿Tú, zorra, cómo te atreves a amar a otro? ¿Y tú, infeliz, cómo osas simplemente mirarla?". Jalal se retorcía. Los dos mirábamos al piso, como si fuéramos niños de ocho años. El Guía nos echó de la habitación. A Jalal, que formaba parte de la guardia, le prohibieron entrar a la casa durante dos meses.

Mabruka apareció en mi cuarto: "¡Porquería! ¡Piensas en el matrimonio cuando no hace ni tres años que estás aquí! ¡Realmente eres una basura!". Amal también vino a amonestarme. "Bueno, amorcito, ellos tienen razón. ¡No puedes amar a ese maricón! ¡No es para ti!". Lo que me dijeron no hizo más que aumentar mi atracción hacia él. Jalal era gentil. Y era el primer hombre que me decía que me amaba. ¿Qué me importaban los comentarios de todos esos desequilibrados?

* * * * *

Algunos meses más tarde, anunciaron una extensa gira del Guía por África. Dos semanas, cinco países, una gran cantidad de jefes de Estado. Evidentemente, la apuesta era importante: lo sentí por la agitación de Mabruka. Toda la casa formaba parte del viaje. Las "hijas" de Gadafi, ataviadas con su bello uniforme, debían hacerle honor. ¡Incluso yo! A las cinco de la mañana del 22 de junio de 2007, tomé mi lugar en una inmensa caravana de autos, que se dirigió al aeropuerto de Matiga. Ninguna espera, ninguna formalidad. Las barreras estaban abiertas y los automóviles entraron a la pista para depositarnos directamente al pie de la escalerilla. Las muchachas llenaban la mitad del avión. Uniformes kaki, beige, azules. El azul era el de las fuerzas especiales, reservadas a las verdaderas mujeres soldado: cabeza erguida, mirada glacial, bien entrenadas. Eso era lo que me habían contado. Yo estaba vestida de kaki, como Amal. Falsa soldado. Esclava verdadera. En el fondo del avión, vi, con placer, a Jalal. El Guía viajaba en otra nave.

Aterrizamos en Bamako, la capital de Malí. Nunca hubiera imaginado semejante recepción. ¡Impresionante! Había una alfombra
roja para Gadafi, que se pavoneaba con su traje blanco y un mapa
verde de África cosido sobre el pecho. El presidente de Malí, ministros y un conjunto de oficiales competían en sus atenciones hacia
el rey de reyes de África. Una multitud alegre, excitada, como en
éxtasis, cantaba y bailaba gritando "¡Bienvenido, Muamar!". Había
compañías folclóricas, danzas tradicionales, originales máscaras de
la tribu dogón. Todos vibraban y se contoneaban. No podía creer
lo que veía y oía. Muy pronto, Mabruka tomó el control de las ope-
raciones. Nos indicó a todas que nos dirigiéramos hacia un grupo
de 4X4 a punto de arrancar, conducidas por nuestros choferes libios habituales. Todo Bab al Azizia parecía estar allí. La multitud
entusiasmada se apiñaba a los costados al paso de nuestra caravana de autos y seguía gritando el nombre de Gadafi. Yo estaba
pasmada. "¿Cómo es posible que sea tan amado? —me preguntaba—. ¿Serán sinceros? ¿Les habrán lavado el cerebro, como se hace
en Libia?".

Llegamos al hotel Libya. Allí, Saana, la encargada del protocolo,
nos hizo esperar en un salón donde pudimos fumar tranquilamente. Luego nos repartieron en diversos autos. Casi un centenar de
vehículos, tiendas y comida: una logística increíble. Las rutas estaban cortadas, los africanos aplaudían a nuestro paso, las muchachas
se reían dentro del auto. Sí, el clima parecía alegre, casi carnavales-
co. Me sentía como en el cine. Pero mientras devolvía sonrisas a las
multitudes que nos saludaban, no podía evitar encontrar completamente ridícula esa situación. ¡Nos sacaban de un subsuelo para
exhibirnos al sol y contribuir a la gloria de Gadafi!

No sabía nada sobre nuestro destino, ni sobre los presidentes,
ministros y embajadores que habíamos conocido. Tampoco me

imaginaba cuáles eran los planes del Guía. Éramos como el séquito de una corte: lo seguíamos sin hacernos preguntas. El comienzo
del viaje fue complicado porque anduvimos casi mil kilómetros
para atravesar Guinea de norte a sur, y llegar a Conakry, la capital.
La única curiosidad de mis compañeras era el alojamiento. Esperaban hoteles lujosos, con discoteca y piscina. Comprendí de
inmediato que no tendría esa suerte. Mientras Amal y las otras
partían hacia un hotel, Mabruka me hizo una señal para que siguiera al amo, que se alojaría en una residencia oficial, una especie
de castillo. Compartía mi habitación con Affaf, otra chica, pero en
mitad de la noche, me llamaron para ir a ver al Guía. No dormía.
Recorría la habitación, desnudo, con aspecto sombrío, angustia-
do. Daba vueltas, tomaba la toalla roja de siempre y se secaba las
manos, concentrado, ignorando mi presencia. Al amanecer, se
arrojó sobre mí.

Durante el día, me reuní con el resto del grupo: Amal, Jalal y
todos los demás. Estaban en un hotel magnífico, y había ambiente de fiesta. Nunca había visto algo así. Mabruka me había exigido
volver a la noche al castillo, pero no pude evitar seguir a todo el
mundo a la discoteca. Las luces parpadeaban, las muchachas fumaban y bebían alcohol, bailaban cuerpo contra cuerpo con
algunos africanos. ¡Sirte y mi familia me parecían tan lejanos!
Había aterrizado en un planeta en el que los valores y las creen-
cias de mis padres no tenían lugar. En el que mi supervivencia
dependía de cualidades y estrategias que ellos odiaban. En el que
todo estaba cabeza abajo. Jalal me observaba de lejos. Crucé
su mirada y eso bastó para alegrarme. Pero se acercó a mí. "No
bebas", me aconsejó. Y me gustó. Era muy atento. Las demás
chicas, por el contrario, insistían en recomendarme el alcohol. La
música sonaba cada vez más fuerte, la discoteca estaba repleta,

la atmósfera era febril. Jalal me besó en la boca. ¡Ah! Todo eso era increíble.

Me quedé a dormir en el hotel, en la habitación de otra chica. Alguien había llamado a Mabruka para pedirle permiso, y curiosamente, ella lo había dado. Seguramente, el "amo" estaba ocupado. Lo habían seguido muchas mujeres, y yo sé que recogían a otras en el camino. Pero a la mañana siguiente, se lanzó la orden:

–Todas en uniforme, preparadas e impecables –gritó la encargada del protocolo–. El Guía dará un discurso en un estadio enorme. ¡Ustedes deben cumplir su papel!

Las 4X4 nos llevaron al estadio de Conakry, al que afluían hordas de jóvenes, viejos, familias con niños. Había orquestas, banderas, túnicas y trajes suntuosos. Antes de dirigirnos a la tribuna oficial, Nuri Mesmari, el jefe principal del protocolo, nos dijo: "Ustedes no son militares, pero deben actuar como si realmente se encargaran de la seguridad del Guía. Métanse en la piel de verdaderas guardaespaldas. Deben mostrarse serias, preocupadas, atentas a todo lo que pasa alrededor de ustedes". Interpreté el papel de guardia e imité a Zorah, que tenía una expresión hosca y lanzaba miradas circulares como si buscara terroristas.

Cuando entramos al estadio, cuando oí el clamor y vi esa multitud de más de cincuenta mil personas aclamando a Gadafi y cantándole loas, se me cortó el aliento. Grupos de mujeres vociferaban su nombre e intentaban acercarse a él, tocar sus vestimentas e incluso besarlo. Era ridículo. "¡Pobres! –decía para mis adentros–. Sería mejor para ustedes no hacerse notar. Es un hombre peligroso". Pensé en mamá, que quizá me vería en las imágenes tomadas por la televisión nacional y seguramente se emocionaría, a pesar de su aversión por Gadafi. Tal vez se dijera que, de todos modos, ese día yo estaba viviendo un momento importante. Pero también pensé en mis hermanos. ¿Qué sabían ellos? ¿Qué pensarían? Eso me daba miedo. Giré la cabeza y traté de ocultar mi rostro. La previsible reacción de mis hermanos me heló la sangre.

Gadafi parecía fascinado por la multitud. La interpelaba, jugaba con ella. Se pavoneaba, alzaba el puño como un campeón deportivo o como el amo del universo. Había muchachas vestidas con uniforme que se veían deslumbradas. Yo no lo estaba, se lo aseguro. Ni por un segundo. Ni por una milésima de segundo. Veía escrito sobre su frente, entre su gorro marrón y sus anteojos de sol: ¡enfermo, loco, peligroso!

Luego reemprendimos el camino y viajamos algunas horas hacia Costa de Marfil, vía Sierra Leona. Allí, debí compartir mi cuarto de hotel con Farida y Zorha: no había problema, pues la cama era enorme. Todo el mundo se veía contento y se aprestaba a ir a la piscina. Yo me moría de envidia: nunca había visto semejantes instalaciones. Pero el coronel podía llamarme en cualquier momento. "Solo debes decir que tienes la regla —me aconsejó Farida—. Es lo único que lo aterra. ¡Pero ten cuidado porque lo verifican! Debes poner lápiz labial en una toalla higiénica". Me pareció muy astuto. Dos horas más tarde, Fathia me ordenó, con su voz gruesa, que fuera a la residencia del Guía. Fingí consternación y dije que estaba demasiado cansada. Ella alzó las cejas como si me estuviera burlando de ella.

—Estoy con la regla.

—¿A ver? ¡Muéstrame!

—No me irá a controlar, ¿verdad?

—¡Muestra!

Fue humillante, pero al ver la toalla humedecida con agua y rouge, se convenció. Farida fue sola a ver al Guía.

Entonces, tontamente, liberada y ligera, me fui con las otras muchachas –y Jalal– a la piscina. Había música, bebidas, narguile. Nadie hacía confidencias, pero había una especie de pulsión colectiva de revancha. Por algunas horas, teníamos derecho al lujo. Éramos la comitiva de Gadafi, no personas comunes, y el personal del hotel se mostraba muy atento. Nuestras humillaciones y nuestros sufrimientos cotidianos encontraban de pronto una ínfima compensación. Era ilusoria. Era efímera. Pero era una válvula de escape, y más tarde comprendí que esos momentos muy escasos evitaban que alguno de nosotros explotara.

De pronto, oí que gritaban mi nombre: Fathia me había visto. Se acercó, fuera de sí. "¿Se supone que estás con la regla y vas a la piscina? –Estaba tan avergonzada que no pude contestarle. Entonces me dio una bofetada–. ¡Mentirosa!". Farida me había denunciado. Me condujeron de inmediato a la residencia. Me advirtieron que el castigo del amo estaría a la medida de mi engaño. Pero mientras estaba esperando en una pequeña habitación, me vino a ver Galina.

–¡Soraya! ¿Cómo te dejaste atrapar así? Papá Muamar está loco de rabia y me encargó verificar... ¡Mi pequeña! ¡Me pones en una posición horrible! ¿Qué podré decir?

Nada. No dijo nada. O más bien, mintió para protegerme. Me dejaron sola el resto del día.

Al día siguiente, viajamos a Ghana, última etapa para la reunión de los jefes de Estado de la Unión Africana en Accra. Horas y horas de viaje. Parecía interminable. A la segunda noche, Fathia vino otra vez a "controlarme". Ni rastros de la regla. Me miró fríamente, no dijo nada, pero le avisó a Mabruka, quien me asestó una soberana cachetada y luego me llevó con Gadafi. ¿Para qué entrar en detalles? Él me abofeteó, me llenó de golpes, me

escupió, me insultó. Salí de allí con la cara hinchada y me en-
cerraron en un cuarto, mientras que a Galina, lo supe más tarde,
la mandaron de inmediato de vuelta a Libia. "¿Querías huir, no?
—se burló Mabruka en el umbral de la pieza—. A cualquier parte
que vayas, si algún día se te ocurre escapar, Muamar te encontrará
y te matará".

# 7
## HICHAM

El viaje por África no marcó el final de mis sufrimientos, pero sí el de mi reclusión total. ¿El Guía se estaba cansando de mí? ¿Había pasado yo la fecha de vencimiento? No lo sé. Nunca había lógica ni explicación. Vivía cada día a su merced y dependiente de su buena voluntad, sin ningún horizonte. Pero el día de su regreso de la gira africana, me mandó llamar por Mabruka y con una mueca de disgusto, me lanzó: "¡Ya no quiero nada contigo, zorra! Te voy a incorporar a las guardias revolucionarias. Vivirás con ellas. ¡Vete! ¡Sal de aquí!".

Acto seguido, Mabruka me dio un teléfono móvil: "Si sientes deseos de comunicarte con tu madre...". ¡Eso era totalmente inesperado! Llamé a mamá de inmediato. Ella me había visto en la televisión nacional, en uniforme detrás de Gadafi en el estadio de Conakry, y pareció casi feliz de decírmelo. "¡Cómo me gustaría verte, querida! ¡Te extraño tanto!". Me atreví a hacerle otro pedido a Mabruka, y otra vez en forma inesperada, me dijo que mamá podía venir a verme dos días más tarde. Sí, a Bab al Azizia.

Imaginarla desembarcando en ese universo tenía, por supuesto, algo de aterrador. ¡Pero necesitaba tanto verla! Le expliqué entonces cómo llegar al garaje, desde donde alguien la llevaría hasta la residencia del Guía. Tenía la esperanza de que todos fueran amables con ella. ¡Qué ingenua fui! Mabruka, Salma y Fathia se mostraron odiosas y despectivas. "¿Quiere ver a su hija? ¡Es abajo!". Por suerte, Amal le dio un beso, fue a avisarme, yo corrí a sus brazos y lloré largamente. Ni siquiera podía hablar. ¿Qué decirle? ¿Qué contar? ¿Por dónde empezar? Ese subsuelo hablaba por sí mismo. Y mis sollozos le resultaban seguramente insoportables. Mabruka se burló. Mamá se sintió herida por ello. Y luego nos separaron.

Algunos días después, Galina apareció en mi cuarto, pálida. El Guía nos había convocado a ambas: nos exigiría explicaciones sobre el incidente africano. Me sorprendió que no tuviera asuntos más importantes que tratar.

–¿Por qué mentiste diciendo que ella tenía la regla? –le preguntó a la enfermera.

–¡No mentí! Una chica joven tiene a veces ciclos irregulares y reglas breves.

–¡Eres una mentirosa y una bellaca! Farida me dijo la verdad. En cuanto a ti, zorrita, baja a tu habitación. ¡Tendrás que esperar!

Fue la última vez que vi a Galina en Bab al Azizia. Mucho más tarde, al comienzo de la revolución, la reconocí con estupor en la televisión, filmada en el momento de su regreso a Ucrania, guardando en el fondo de su corazón el secreto sobre su experiencia en Libia. Algunos días después de esa tormentosa entrevista, Gadafi me mandó llamar otra vez y se encarnizó con mi cuerpo con tal violencia que salí de su habitación atontada y llena de moretones. Amal G., otra chica de la casa, que en general no mostraba ningún interés por lo que me pasaba, se conmovió al verme: "Tengo que sacarte un poco de aquí". Ni siquiera me podía levantar, había perdido las esperanzas, los días se sucedían y yo me iba hundiendo lentamente. Pero ella volvió a mi cuarto, con aire triunfante, y exclamó: "¡Mabruka me permitió llevarte con mi familia!". Y enseguida me preparó para pasar el día en su casa, mejor dicho, en su "otra" casa, allí donde la esperaban su madre y su hermanita, frente a un buen cuscús.

Tres días más tarde, consiguió un nuevo permiso para sacarme. Era increíble esa nueva libertad condicional y no sabía cómo interpretar ese viraje de mis carceleros. Pero esas pocas horas fuera del sótano me permitían respirar, de modo que salí sin hacer preguntas. Ni siquiera pensaba en escapar. Ya no tenía esperanzas ni sueños. Era una enterrada privada de todo porvenir fuera de Bab al Azizia. Era una de esas mujeres, entre tantas otras, que le pertenecían para siempre a su amo. No podía prever que ese día otro hombre entraría en mi vida.

* * * * *

Amal G. me había llevado a almorzar al viejo barrio de los pescadores, junto al mar. Estábamos por irnos, ella dio marcha atrás con el auto, cuando un hombre gritó: "¡Cuidado!". Salió de su auto, que habíamos estado a punto de chocar, con expresión de enojo. Pero pronto se calmó. Intercambiamos una mirada y luego una sonrisa. Y sucedió. Un flechazo. Ni siquiera sabía que existía algo así. Un terremoto, con un antes y un después. Tenía unos treinta años: era macizo, vigoroso, musculoso, los ojos tan negros como el cabello y cargados de energía. Mejor: de audacia. Estaba conmocionada. Pero Amal G. arrancó y tomó directamente el camino de Bab al Azizia y la vida retomó su curso entre el subsuelo y la habitación del amo, entre el letargo y la sumisión.

Una tarde, me permitieron otra vez salir con Amal G. Ella quiso llevar a su hermana menor a una feria y me arrastró a los juegos. Uno de ellos era como una gran red. El público se sentaba en el interior de un círculo, se aferraba a los bordes y el aparato se sacudía en todas direcciones. Todos nos reíamos y gritábamos, mientras tratábamos de mantener el equilibrio, cuando descubrí que el que manejaba el aparato era el hombre del otro día. Nuestras miradas volvieron a encontrarse: él aceleró el ritmo de sacudidas de la red. ¡Qué miedo y qué excitación! Cuanto más reía yo mientras me sostenía, más aceleraba él el ritmo. Luego gritó:

–Ya nos vimos antes, ¿no?

–Sí, me acuerdo. ¿Cómo te llamas?

–Hicham. ¿Tienes un número de teléfono?

¡Era increíble! ¡Tan prohibido y tan fabuloso! Él no tenía un papel para anotar, pero me dijo su propio número, y lo marqué enseguida para que el mío se registrara en su pantalla. Amal G. me arrastró rápidamente, lejos de allí.

Regresé a Bab al Azizia en una dulce euforia. La vida tomaba color. Lo llamé desde mi cuarto. Sabía que era insensato. Pero atendió enseguida.

–¿Dónde estás? –me preguntó.

–En casa.

–Me encantó volver a verte en el juego. Bonita coincidencia, ¿no?

–Te hubiera reconocido en cualquier parte.

–Me gustaría verte otra vez. ¿Qué haces en la vida?

¡Ah, esa pregunta! Debí suponer que la haría. ¿Qué podía contestarle? Yo no hacía nada en la vida. No hacía nada de mi vida. No tenía vida, en realidad. Un abismo. Rompí en llanto.

–Nada. No hago nada de nada.

−Pero ¿por qué lloras? ¡Cuéntame!

−No puedo.

Corté la comunicación entre lágrimas. Tenía en ese momento dieciocho años. Mis compañeras de la escuela ya se habían diplomado. Algunas ya estaban casadas. Otras se habían inscripto en la universidad para seguir sus estudios. Recordé que, al empezar el colegio, soñaba con ser dentista. Se lo había comentado a mamá. Los dientes y la sonrisa era lo primero que miraba en las personas, y no podía evitar dar conejos sobre cómo cuidarlos, mantenerlos, blanquearlos. ¡Dentista! Era casi risible. ¡Cómo se burlarían de mí si lo contara en mi subsuelo! Habían destruido mis sueños. Me habían robado la vida. Y ni siquiera podía decirlo. Porque lo que me habían hecho era tan vergonzoso que afuera me consideraban una apestada. ¿Qué podía contestarle a Hicham?... No tuve demasiado tiempo para reflexionar. Me llamaron arriba.

−¡Desvístete, zorra!

Fue la gota que rebasó el vaso. Rompí a llorar. "¿Por qué me dice eso? ¿Por qué? ¡No soy una zorra!". Eso lo volvió loco. Rugió: "¡Cállate, zorra!". Y me violó, haciéndome entender que yo no era más que una cosa y no tenía ningún derecho a la palabra. Cuando bajé a mi habitación, vi en la pantalla de mi teléfono escondido debajo de mi almohada que Hicham me había llamado veinticinco veces. Al menos, existía para alguien.

A la noche siguiente, Gadafi me mandó llamar y una vez más se descargó sobre mi cuerpo. Luego me obligó a aspirar cocaína. Yo no quería. Me daba miedo. Mi nariz sangró y él me puso más sobre la lengua. Perdí el conocimiento.

Me desperté en la enfermería de las ucranianas con una máscara de oxígeno sobre la cara. Elena me acariciaba la mano, Alina me miraba con preocupación. No dijeron ni una palabra, pero vi que me compadecían. Me llevaron a mi cuarto y permanecí dos días en cama, incapaz de ponerme de pie. Solo la imagen de Hicham me mantenía con vida.

Amal G. no se enteró hasta dos días más tarde de lo que me había pasado. Me sentía mejor y no tenía deseos de hablar, pero ella me tomó la mano, fuera de sí, y me arrastró a la habitación del Guía. Él estaba sentado frente a su computadora. "¡Mi amo! ¡No se le puede dar droga a la pequeña! ¡Es criminal! ¡Peligroso! ¿Qué le pasa a usted?". Lo enfrentó con una audacia asombrosa. Con una mano en la mía y la otra apoyada en su cadera, le exigió una respuesta. ¡Se atrevió a pedirle cuentas! Él rugió: "¡Vete y déjala aquí!". Saltó sobre mí, me aplastó el pecho y gritó: "¡Baila!", mientras ponía música. Luego me arrojó al piso.

–¿Por qué hablaste, zorra?

–¡No dije nada! ¡Ellas lo adivinaron solas!

Me pegó y me violó, orinó sobre mí y gritó, mientras se iba a duchar: "¡Lárgate!". Bajé, mojada y miserable, convencida de que ya ninguna ducha podría lavarme jamás.

* * * * *

Amal G. seguía indignada. Sin embargo, sentía una verdadera fascinación por Gadafi. Quizá incluso lo amara, por inverosímil que pudiera parecerme. Decía que le debía la casa en la que vivía su familia, su auto, una vida bastante confortable. Yo no hacía preguntas. Lo odiaba demasiado. Pero cuando ella decía: "Lo juro por Muamar", sabía que podía creerle. Sabía poner a todo el mundo en su lugar en Bab al Azizia. Al terrible Saad Al Fallah, encargado del protocolo, que un día la llamó "zorra", le gritó: "¡Harías mejor en callarte, maricón!". Rezongaba, insultaba, era tan amable como un puercoespín y los demás le importaban poco. Pero mi situación la asustó. Apareció en mi cuarto por la mañana y me dijo: "Ven, te llevaré a mi casa. Tengo permiso. Lleva ropa para algunos días".

Le salté al cuello. "¡Está bien, está bien", dijo soltándose, siempre un poco seca, pero tenía lágrimas en los ojos. Y fuimos a pasar unos días con su familia. ¡Qué dulce fue al principio esa impresión de vida normal, una casa, padres, comida. Sentí nostalgia de mi propia familia y telefoneé a mamá. Amal G. pegó un respingo: "¡No digas que estás en mi casa! ¡Te lo prohíbo! Si se lo cuentas a tu madre, te llevo ya mismo de vuelta a Bab al Azizia". Me asusté. Cualquier cosa menos regresar a Bab al Azizia, y volver a ver a Gadafi y a Mabruka. Cualquier cosa, incluso mentirle a mi mamá, algo que nunca había hecho.

En ese momento descubrí la extraña doble vida de Amal G. Sus redes para conseguir alcohol, sus rondas nocturnas en auto, su familiaridad con los policías que encontraba –"¿Cómo te va, Amal?"– y esa mezcla de Red Bull y vodka que bebía. Se rociaba con perfume antes de regresar a la casa. Comprendí que tenía sed de dinero: estaba en relación con hombres de negocios que le pagaban comisiones. Y pronto me di cuenta de que me usaba para atraer a hombres poderosos y ricos. Me vi envuelta en algunas veladas a las que Amal llevó a otras muchachas, en las que corría el alcohol y la droga, a las que asistían dignatarios y celebridades del país y se cambiaba dinero por favores sexuales. ¿De modo que era eso lo que querían de mí? ¿Mi riqueza consistía en ese cuerpo que detestaba? Incluso fuera del harén, ¿era ese todo mi valor? ¿O mi relación con Bab al Azizia me confería, para ciertos hombres, un precio suplementario? Por una noche en la suntuosa residencia de un famoso primo de Gadafi, recibí un sobre con 5000 dinares, que Amal G. se apresuró a embolsar, y que nunca me atreví a reclamar. Me tenía dominada.

* * * * *

Un día, mamá, que solía darme noticias por teléfono, me contó que Inas, mi amiga de infancia de Bengasi, estaba en Trípoli y ansiaba verme. Me dio su número de teléfono, y llamé de inmediato. Quería restablecer mis relaciones con personas normales, las de mi vida anterior, sin saber si aún era posible. Inas me contestó enseguida, con entusiasmo. Le pedí su dirección y le propuse ir a visitarla de inmediato. "¡Ah! ¿Puedes salir de Bab al Azizia?". ¡Ella sabía! Quedé estupefacta. ¿Cómo se había atrevido mamá a decirle la verdad, si le había mentido desde el principio a toda la familia?

Tomé un taxi y al llegar le pedí a Inas que lo pagara. "¿Cómo es posible que una joven que vive en la casa del presidente no tenga dinero para pagar su taxi?", bromeó. Sonreí sin responder. ¿Qué sabía realmente? ¿Qué significaba para ella "vivir en la casa del presidente"? ¿Creería que yo misma lo había elegido? ¿Una posición y un trabajo verdadero? Debería manejarme con mucho cuidado. Entramos a la casa y toda la familia vino a darme un beso.

–Llamaremos a tu madre para que se reúna con nosotros –dijo Inas, de pronto muy excitada.

–¡No!

–¿Por qué?

–¡Es mejor no avisarle!... Estoy viviendo en forma temporaria fuera de Bab al Azizia, en casa de otra muchacha, y ella no quiere que se sepa.

Todos me miraron en silencio, con aire dubitativo. ¡Así que la pequeña Soraya le mentía a su madre!... Eso cambió el clima.

–¿Cuál es tu relación con Bab al Azizia? –preguntó alguien.

–No tengo ganas de hablar. Seguramente mamá les contó mi historia.

Encendí un cigarrillo, suscitando una mezcla de horror y desaprobación en las miradas de la familia. ¡Cómo había cambiado Soraya!

Me quedé a dormir en la casa de Inas. Eso significó para mí una pausa. Un breve retorno a la infancia. Era reconfortante. Amal G. debía de estar loca de furia y preocupación. No había contestado ninguno de sus múltiples llamados. Cuando finalmente respondí, a la mañana siguiente, me gritó:

–¿Cómo pudiste salir sin avisarme?

–Necesitaba aire. ¿Puedes entenderlo? En tu casa me siento en una nueva prisión. Te agradezco que me hayas sacado de Bab al Azizia, pero ahora déjame respirar un poco.

Siguió gritando y me eché a llorar. Inas tomó el aparato. "Soy su amiga de infancia. Mi familia la cuida. No se preocupe". Pero Amal G. insistió. Dijo que me estaba poniendo en una situación gravísima cuyas consecuencias no medía. Inas terminó por darle su dirección. "¡Voy enseguida!". Era exactamente lo que temía. El único refugio que me quedaba, el que jamás habría imaginado nadie en Bab al Azizia, estaba por ser descubierto. Me sentí acorralada. Y llamé a Hicham. "Te lo suplico, ven a buscarme. No quiero ver a nadie sino a ti".

Llegó en pocos minutos. Y prácticamente me raptó. El automóvil se lanzó por las calles de Trípoli, se internó en los suburbios y luego enfiló hacia el campo. Hicham estaba crispado sobre el volante, atento a la ruta. Miraba su perfil, con mi cabeza apoyada en el respaldo y distendida como hacía años que no lo estaba. No pensaba, no tenía ningún plan, sonreía y simplemente confiaba en ese hombre a quien solo había visto tres veces. No me había engañado acerca de él. Tenía fuerza. Y fogosidad. Me llevó a un pequeño *bungalow* de vacaciones. "Descansa –me dijo–. Conozco tu historia. De ahora en adelante, no dejaré que nadie te haga daño". Amal G. había ido a verlo sin que yo lo supiera para contarle mi relación con Bab al Azizia y prevenirlo: "Esa muchacha no es para ti". De hecho, me llamó por teléfono en ese momento. Lo había intentado una decena de veces. "Atiende –me dijo Hicham–. Ya no debes tenerle miedo. Dile la verdad".

Atendí temblando. Ella vociferó:

–¡Estás loca, Soraya! Realmente estás buscando problemas. ¿Cómo te atreviste a huir cuando yo iba a buscarte?

–¡Déjame! Estoy lejos. Me hospedo en casa de una amiga.

–¡Mientes! ¡Sé que estás con Hicham!

Corté. Hicham me sacó el aparato de la mano y la llamó.

–Déjenla en paz. Olvídense de ella. Ya le hicieron bastante daño. Ahora la defiendo yo. Y soy capaz de matar si alguien trata de perjudicarla.

–Tú no me conoces, Hicham. Lo pagarás muy caro. ¡Te mandaré a la cárcel!

\* \* \* \* \*

Fui feliz durante tres días. No dejé de llorar las primeras veinticuatro horas, pero creo que simplemente derramé el exceso de lágrimas acumuladas desde hacía cinco años. Hicham era paciente, tierno, tranquilizador. Me hacía de comer, limpiaba, enjugaba mis lágrimas. Ya no estaba sola. Quizás hubiera, al fin y al cabo, un después de Bab al Azizia. Pero la noticia de mi huida había producido el efecto de una bomba en la casa Gadafi. Amal G. llevó a Inas a ver a mi madre, que me llamó de inmediato:

—Estoy destrozada, Soraya. ¡Hace dos meses que me estás mintiendo! ¿Cómo es posible? Estás en la ciudad, fumas, te vas con un hombre. ¿En qué te has convertido, pequeña Soraya? ¡En una ramera! ¡Una puta! Preferiría verte muerta antes que imaginarte en una vida de depravación. ¡Cómo me defraudas!

Acusé el golpe. Las apariencias estaban en mi contra. Pero ¿cómo no veía ella que simplemente estaba tratando de sobrevivir? Amal G. volvió a llamar: "Hagas lo que hagas, volverás a Bab al Azizia". Fuerzas de seguridad interior, que llegaron en dos 4X4, ingresaron a la casa de los padres de Hicham: "¿Dónde está su hijo? Debe devolver a la muchacha que raptó". Sus hermanos lo llamaron, en pánico. Entonces, al cabo de tres días, entregamos las armas.

Fui a la casa de Amal G., que me dio a elegir: llevarme a casa de mis padres o a Bab al Azizia. Elegí a mis padres, ¡pero con cuánta angustia! Vi que la confianza se había roto. Mamá me observaba con expresión dura, como si mi rostro fuera la confesión de mi ignominia. Como si ya no fuera su hija secuestrada a la que le habían hecho daño. Como si fuera una mujer culpable, una mujer perdida. Mi padre me recibió con más afecto. Me miraba con atención y no parecía que me reconociera del todo. Creo que yo había crecido un poco. En realidad, más que nada, envejecí. Pero él tenía que desempeñar su papel de padre, y muy pronto, me exigió cuentas. ¿Quién era ese Hicham? Le conté nuestro encuentro fortuito, le hablé de su valentía, su sangre fría, sus modales de caballero y sus deseos de casarse conmigo. Mis padres me escucharon con escepticismo. Se había establecido entre nosotros una distancia inédita.

Mi madre no quería que saliera de casa. Más por miedo a ese nuevo peligro que a Bab al Azizia. Tuve que recurrir a un subterfugio y fingir acompañar a papá a alguna parte. Luego lo dejé un momento, el tiempo necesario para ver a Hicham, que me dio una reserva de cigarrillos y una nueva tarjeta SIM para mi teléfono. Así, Amal G. y Mabruka no podrían encontrarme. El clima estaba tenso en casa. Estaba desesperada por fumar y a veces me escondía en el cuarto de baño para hacerlo: antes de salir, rociaba el lugar con un desodorante de ambientes. No tenía tema de conversación. Estaba como en suspenso. Un día, al amanecer, tocaron a la puerta de casa. Era un chofer de Bab al Azizia. "Ven, Soraya. Exigen tu presencia allá".

Y volví. Mabruka, glacial, me llevó al laboratorio, donde una enfermera me tomó tres muestras de sangre, llenando tres pequeños frascos. Esperé una hora en un saloncito. De pronto, Salma, con la cara descompuesta, ladró: "¡Sube!". Gadafi me esperaba, vestido con ropa deportiva y una camiseta. "¡Eres una zorra! ¡Sé que te acostaste con otros!". Me escupió en la cara, me violó, orinó sobre mí y sentenció: "Solo te queda una solución: trabajarás bajo mis órdenes. Dormirás en tu casa, pero desde las nueve de la mañana hasta las nueve de la noche, te quiero aquí, a mi disposición. Aprenderás finalmente la disciplina de las guardias revolucionarias".

# 8
## Huida

Al día siguiente, a las ocho y media en punto, un chofer de Bab al Azizia tocó el timbre en la casa de mis padres. Debía ir a mi trabajo. Ignoraba en qué consistía: simplemente esperaba no tener más contacto con Gadafi. ¿Qué hacía una "guardia revolucionaria"? ¿Cómo defendería yo la "Revolución"? Pronto tuve la respuesta: ¡sirviendo bebidas, durante todo el día, a los invitados africanos del Guía! Estaba en la misma casa, con la misma gente y la misma jefa. Y a las tres de la mañana, me encontraba aún allí.

−Esto no es lo que me dijo el Guía −me quejé ante Mabruka.

−Sin embargo, aquí es donde pasarás la noche.

Pero ya no tenía una habitación. Una "nueva" había ocupado mi lugar. Me preparé para dormir como una visita, entonces, sobre un sofá del salón. Y en cuanto partieron los últimos africanos, me llamaron de la habitación del Guía. No, nada de eso era revolucionario. Me encontraba en una trampa.

Al día siguiente, llamé por teléfono a mi padre a escondidas. La conversación fue breve: sentí que estaba tenso. "Soraya, es importante. Encuéntrate conmigo lo antes posible con tu pasaporte". ¡Yo tenía pasaporte! Es increíble, pero lo tenía. Una negligencia de Mabruka a nuestro regreso de África. Pretexté una compra urgente y salí con un chofer de Bab al Azizia. Luego le pedí que me esperara un momento y salté a un taxi para ir con mi papá, que me aguardaba en su auto. Arrancó como una tromba y me llevó a la embajada de Francia para pedir una visa urgente. Necesitaban una foto y mis huellas digitales. Gracias a un poco de suerte y una antigua amistad de mi padre con un empleado de la embajada, nos aseguraron que la visa estaría disponible en una semana, en lugar de un mes. Menos de una hora más tarde, después de recorrer calles laterales y evitar las céntricas, y mirar mil veces por su espejo retrovisor, papá me depositó en un taxi que me llevó hasta el automóvil con el chofer, y regresé a Bab al Azizia.

Al día siguiente, cumplí otra vez la función de camarera. La casa estaba llena de personas famosas, incluso de estrellas que pude reconocer: un director de cine y un cantante egipcio, una cantante libanesa, bailarinas y animadores de televisión. El Guía salió de su escritorio, se reunió con ellos en el gran salón y se sentó entre ellos. Luego subió a su habitación. Y varios visitantes lo siguieron, uno después de otro. Una Samsonite bien provista esperaba a algunos antes de su partida.

Pude volver temprano a la casa de mis padres, pero rápidamente comprendí que ya no tenía mi lugar allí. Era una extraña. Un mal ejemplo para todo el mundo. Mamá, ahora distante, pasaba la mayor parte del tiempo en Sirte con mi hermana y mi hermano menor. Los dos mayores habían viajado al exterior para estudiar. De modo que en Trípoli solo vivían mi papá y mis otros dos hermanos. Pero mi situación era un verdadero desastre. "¿Qué clase de vida es esa? –preguntó papá–. ¿Qué ejemplo para tus hermanos y el resto de la familia?". Era mucho más sencillo cuando no me veían. Muerta, habría sido menos molesta. Entonces ocurrió algo impensado: preferí volver a Bab al Azizia.

Otra vez al laboratorio. Toma de muestra sanguínea. Cama improvisada en el salón, a la espera de ser llamada durante la noche. Luego me llamó papá: "Mantente lista. En cuatro días, tienes tu visa para Francia". Entonces, en un arranque de valentía, fui a enfrentar a Gadafi. "Mi madre está muy enferma. Necesito una licencia de veinte días". Me dio dos semanas. Regresé a casa. Pero ¡qué ambiente! Me escondía para fumar y telefonear a Hicham, ponía nervioso a todo el mundo. Mentí, pretexté un nuevo llamado de Bab al Azizia, y fui a reunirme con mi enamorado. Sabía que era grave, que estaba fuera de los carriles, pero el daño ya estab hecho... ¡Toda mi vida había descarrilado hacía mucho tiempo! La mentira se convirtió en un método de supervivencia.

* * * * *

Pasé dos horas con Hicham en un *bungalow* prestado por un amigo.

–Te amo –me dijo–. No puedes partir así.

–Es la única solución. No puedo vivir más en Libia. Bab al Azizia nunca me dejará en paz, y mi familia me ve como una especie de monstruo. A ti sólo te traeré problemas.

–Espera un poco. Partiremos juntos al extranjero.

–No. Aquí me acosan y te pongo en peligro. Partir es mi única esperanza para que Gadafi se olvide de mí.

Volví a casa a preparar mi maleta. Caminaba como una sonámbula, indiferente a todo lo que pasaba a mi alrededor. Me habían dicho que febrero es muy frío en Francia: necesitaría un verdadero calzado y un abrigo bien grueso. En un placard, descubrí unas cuantas prendas que mamá había comprado para mí en sus viajes a Túnez. "Es para Soraya –le decía a mi padre–. Este año volverá, seguro". Mamá... Hacía cinco años que esperaba mi regreso. De día, enfrentaba duros problemas y manejaba a la familia con mano firme. De noche, lloraba, le pedía a Dios que protegiera a su niñita y que se la trajera de vuelta. Pero yo ya no era una niñita, y la había defraudado.

Papá me hizo levantar muy temprano. Estaba pálido. No, verde, con los labios blancos. Nunca lo había visto así. Muerto de miedo. Se había puesto un gel para peinarse el cabello hacia atrás. Llevaba un traje oscuro que no le conocía, bajo una chaqueta de cuero. Los anteojos de sol ahumados terminaban de darle un aspecto de ganster o de espía. Yo me vestí rápidamente con un pantalón y una camisa, y me envolví en un velo negro, sin olvidar, tampoco yo, unos grandes anteojos de sol que me ocultaban el rostro. Llamé a mamá a Sirte para despedirme de ella. La conversación fue breve y fría. Luego, papá y yo fuimos en taxi al aeropuerto. Papá me lanzaba miradas nerviosas: "¿Qué te pasa, Soraya? ¡Parece que esto no te importara!". Nada de eso: me importaba mucho. Pero me mantenía tranquila. No podía pasarme nada más grave de lo que había vivido. ¿Podían matarme? En el fondo, eso hubiera sido un alivio.

En el aeropuerto, papá estaba alerta. Miraba su reloj y se sobresaltaba cada vez que alguien lo rozaba: temí que su corazón no resistiera. Le había pedido a un amigo que hiciera las diligencias necesarias para que mi nombre no figurara en la lista de pasajeros. Ni siquiera mis iniciales. Se tomó el trabajo de verificarlo. En el momento de pasar la seguridad, y luego, en la sala de espera, miraba furtivamente a su alrededor, con la sospecha de que cualquier pasajero pudiera ser un esbirro de Gadafi. Era como si estuviera dentro de una película de espionaje. Ya en el avión, hasta el momento del despegue, vigiló la entrada, incapaz de pronunciar una palabra.

Le faltaba el aire, tenía la boca seca. Y sus manos permanecieron crispadas sobre los apoyabrazos hasta la escala de Roma. Como si una orden de Gadafi pudiera todavía desviar el avión. Cuando aterrizamos, se rio. Me confesó que era la primera vez que se reía en muchos años.

Había pedido un cambio de avión en Roma para borrar las pistas. Teníamos algunas horas de espera, y fui al baño para sacarme el velo negro, pintarme apenas los ojos, ponerme brillo rosado en los labios y perfumarme un poco. ¡Íbamos a París, la ciudad de la belleza y de la moda! Mi vida miserable había terminado. Al menos, era lo que creía.

# 9
## PARÍS

Soñaba con ver la torre Eiffel, pero tomamos el tren RER hacia los suburbios, a Kremlin-Bicêtre. Me había imaginado exotismo, y me vi rodeada de árabes. ¿Eso era Francia?, le pregunté a mi padre, mientras íbamos a reunirnos con uno de sus amigos en el local de una cadena de pollo frito. Me sentía defraudada. Hacía un frío polar, mi nariz y mis pies estaban congelados, todo me parecía feo. Papá me alentó diciendo: "Mañana todo estará mejor". Habíamos pasado la noche en un hotel de Porte d'Italie, desde donde se veía el bulevar periférico. Y me desperté desesperada por fumar y sin cigarrillos. Pronto se convirtió en una obsesión.

Teníamos una cita con su amigo Habib, y fuimos a esperarlo a un café cercano. En la terraza había unas muchachas fumando, relajadas, normales. Eso me dio esperanzas. Entonces fumar no era una tara ni un vicio, como habían querido hacerme creer. Pedí un chocolate caliente y papá, un café; antes de que los trajeran, salió a fumar. No podía acompañarlo: no lo habría tolerado. Entonces fui al baño a fumar un Marlboro: había escondido un paquete. Llegó Habib y nos invitó a su casa en Porte de Choisy. Fue entonces cuando llamó mamá. Soddeik, el chofer de Bab al Azizia, había pasado por la casa de Trípoli: "¿Dónde está Soraya? ¿Por qué no funciona su teléfono?". "Porque está en Sirte", le habían contestado. El hombre se conformó con la respuesta, pero mamá estaba muy preocupada, y mi padre empezó a temblar. Estaba pálido, en estado de shock. Demasiadas emociones. Se desplomó frente a Habib. Lo llevaron al hospital. Salió de allí en mitad de la noche y decidió regresar en el acto a Trípoli. Me dio 1000 euros, que me pareció una fortuna, y una tarjeta prepaga de teléfono. Le pidió a Habib que me alquilara un cuarto. Luego ambos partieron hacia el aeropuerto. Papá no me dio un beso: solo me hizo una pequeña señal, abrumado y afligido.

–Si Dios me da vida –sabía lo que pensaba: "Si no me matan"–, te enviaré más dinero.

Lloré al despedirme de él.

* * * * *

Habib me encontró una habitación en un hotel cerca de Porte de Choisy. No viviría en el corazón de París, pero no estaba tan mal. La recepcionista era marroquí y pudimos hablar en árabe. Muy pronto dominé el mapa de los buses y del metro. Un primer ejercicio de orientación me llevó al Barrio Latino, donde me di el gusto de tomar un café mirando pasar a la gente. Era libre. ¡Libre! Me lo repetía sin creerlo del todo. No tenía ningún plan, ni el menor proyecto. No tenía amigos ni redes. Pero era libre. Estaba desconcertada.

En la mesa de al lado, dos muchachas y un hombre de origen árabe se disponían a salir a divertirse, tarde en la noche, a una discoteca. Los escuchaba envidiosa y fascinada. Ardía en deseos de hablarles. No me atreví. Esa ciudad al mismo tiempo elegante e indiferente me intimidaba. Emprendí el regreso.

A la mañana siguiente, tomé el metro hacia la estación Champs Elysées. Soñaba con eso desde muy pequeña. El cielo estaba claro, la avenida era aún más ancha de lo que había imaginado y el café Le Deauville se encontraba exactamente en el lugar que me había indicado mamá. La llamé por teléfono: "¡Le Deauville sigue siendo azul!". Sabía que tocaba su cuerda sensible. "¿Ves cómo la historia se repite? Mi hija sigue las huellas de mis veinte años… ¡Cómo me gustaría estar contigo, Soraya!". Fui a la tienda Sephora, que conocía de oídas porque Mabruka hacía allí sus compras. En la sección perfumes, probé todo, vigilada por los severos guardias. Una vendedora me ofreció un frasco de perfume Paris de Yves Saint Laurent, pero debía hacer mis cálculos. Tenía 1000 euros: mi hotel costaba 25 euros por día, y gastaría 25 euros en comida y transporte. Eso me alcanzaba para vivir veinte días. El perfume debería esperar. En cuanto a las secciones de maquillaje, que me resultaban tan atractivas, opté por no mirarlas. Quedarían para otra oportunidad. Ahora tenía todo el tiempo del mundo.

Al cruzarme con una pareja de enamorados que se besaban libremente, pensé en Hicham. Me había contenido para no llamarlo por teléfono. ¿Para qué? Solo podía causarle problemas. Sin embargo, fui rápidamente a comprar créditos para mi tarjeta telefónica. Y cuando oí su voz, me puse a llorar.

–¡Hace dos días que partiste! –me dijo–. ¡En estos dos días he pensado en ti sin cesar!… Iré a reunirme contigo en cuanto pueda. Ya empecé los trámites para obtener un pasaporte.

¿Entonces hablaba en serio? ¿Quería vivir cerca de mí? ¡Dios mío! No quería esperar más. Había que acelerar el proceso, conseguirle el famoso pasaporte, un objeto tan excepcional y precioso en Libia. Pero, con dinero, todo era posible. Enseguida llamé a papá: "¡Me dejaste solo 1000 euros! ¡Es demasiado poco! ¿Cómo quieres que me arregle con esto?". Al día siguiente, me transfirió 2000 euros: le envié la mitad a Hicham.

En ese momento, empecé a tener una serie de encuentros que, me doy cuenta ahora, hicieron naufragar mi estadía en Francia. Mejor dicho, llevaron a su absoluto fracaso. Es terrible tener que reconocerlo. Es humillante admitir que dejé pasar mi oportunidad. ¿Cómo es posible? Creo que confié en las personas equivocadas. Tomé malas decisiones. Actué con una ingenuidad lamentable. Llegué a París en febrero de 2009, pocos días antes de cumplir veinte años, y no sabía nada de nada. Solo conocía la desidia, la perversidad y el cinismo de la gente que me había secuestrado. No sabía nada de la vida del trabajo, de los vínculos sociales, de la administración del tiempo y del dinero, de las relaciones equilibradas entre hombres y mujeres. Y nada sobre lo que pasaba en el mundo. Nunca había leído un diario...

Estaba sentada en un banco de Champs Elysées cuando se me acercó una mujer rubia.

—Hola. ¿Hay lugar?

—Por supuesto. ¿Cómo te llamas?

—Warda.

—¡Pero es un nombre árabe!

Era de origen argelino y simpatizamos rápidamente.

—En cuanto a ti, se ve enseguida que acabas de desembarcar en París. ¿De dónde vienes?

—¡Adivina!

—¿De Marruecos?

—No. De un país que nunca imaginarías.

—¿De Túnez? ¿Egipto? ¿Jordania? ¿Líbano?

—¡No! Un país mediterráneo y estratégico. ¡Vamos!

—¿De Argelia, como yo?

–¡No!

–Entonces no sé.

–¡De Libia!

–¡Ah! ¡Gadafi! ¡Genial! Ese tipo es uno de mis héroes. ¡No sabes cómo me fascina! ¡Cuéntame!

–¿Admiras a Gadafi? –Tuve ganas de llorar–. ¡Pero si es un sinvergüenza! ¡Un impostor!

–¿Qué dices? ¿Oíste sus discursos? ¿Viste cómo desafía a los Estados Unidos? ¡Es un verdadero árabe! ¡Tiene un carisma increíble!

La conversación siguió en un café, donde se nos unió su amigo, que trabajaba de guardia en una discoteca llamada La Marquise. Como irían allí esa misma noche, dijeron que podían llevarme. Me pareció simpático de su parte. "¡Qué suerte!", pensé. Era un restaurante libanés que, después de la medianoche, se transformaba en discoteca, con una orquesta y una bailarina oriental. Me sentí cómoda allí. Todo el mundo hablaba árabe, y me pareció que la asistencia, alegre, extravertida, con muchos deseos de divertirse, estaba compuesta de orientales ricos.

–Mira a tu derecha –me señaló rápidamente Warda–. Esos hombres de la mesa de al lado te están mirando.

–¿Y qué? ¡No me interesa mirar!

–¡Sé amable! Si eres simpática, pagan la comida y la bebida. ¡Ven a bailar!

La seguí a desgano. ¿A qué me estaba arrastrando? Unos hombres se nos acercaron en la pista de baile, con ánimo de seducirnos y cada vez más audaces. Incluso algunos nos deslizaron billetes, como se hace con las bailarinas profesionales. Salté hacia Warda. "¡Vamos, no quiero esto!". Pero el director me vio. Se acercó: "¿Es cierto que eres libia?". Tomó el micrófono. "Señoras y señores, quisiera saludar a Libia y al coronel Gadafi!". Quedé aterrada. Y el tipo siguió: "¡Vamos! ¡Ven a cantar conmigo una canción a la gloria del coronel!". Entonó en el micrófono una de esas canciones grotescas que vomitaban los altoparlantes y las radios de Libia: "Oh, nuestro Guía, te seguimos…". Yo quería desaparecer. ¿Era posible que ese hombre me alcanzara incluso aquí? Corrí al baño y me encerré a llorar.

* * * * *

Permanecí enclaustrada en mi habitación durante una semana. Conmocionada. Solo salía a comprar cigarrillos y créditos para el teléfono. Me invadió la angustia. La sombra de Gadafi me perseguía a todas partes. Bab al Azizia tenía ojos y oídos en todo el planeta. Y sus espías ya habían asesinado gente en el otro extremo del mundo. Entonces… ¿Era realista la esperanza de escapar de sus garras? Apenas había llegado a París, y ya me sentía en un callejón sin salida. Además, una noche, una rata atravesó mi cuarto. Fue un sacudón. Empaqué todas mis cosas, corrí a la recepción, pagué mi cuenta y llamé a Habib en el acto. "Pasa la noche en mi casa. Veremos qué hacer en los próximos días". Fui a su casa, me instalé en una habitación, pero hacia las cuatro de la mañana se deslizó en mi cama. ¡El amigo de papá! Grité, tomé mi bolso y bajé la escalera a toda velocidad. La calle estaba desierta y helada. ¿Adónde ir? Pensé en Warda y marqué su número. En vano. Caminé hasta el metro y esperé que abrieran la estación para instalarme sobre un banco. Un vagabundo completamente ebrio vino a molestarme. Me eché a llorar. Llamé a Hicham, que no contestó. El amigo de mi padre intentaba contactarme con desesperación.

Salí a la calle y entré al café de Porte de Choisy, que acababa de abrir sus puertas. Pedí un café, y de pronto, una decena de policías ingresó al lugar. Entré en pánico. ¿Una orden de captura internacional lanzada por Gadafi? Warda me había recomendado: "¡Ante todo, evita cualquier control!". No podía huir. Llegaron hasta mí. Tendí mi pasaporte temblando. Un policía de origen marroquí me sonrió: "¿Por qué tienes tanto miedo? Tienes una visa, ¡estás perfectamente en regla!". Estaba paralizada y no podía pronunciar una palabra. El policía me deslizó su número de teléfono mientras me guiñaba un ojo con picardía. Me pareció repugnante.

Entró un grupo de muchachas. Elegantes, seguras de sí mismas. Seguramente trabajaban juntas en alguna oficina. Las seguí con la mirada, fascinada. "¡Qué clase tienen estas francesas!", pensé. Se acicalan y se visten con elegancia, salen y fuman en los cafés, tienen empleos tan importantes como los de los hombres... Pero pronto una de ella me enfrentó y gritó: "¿Por qué me miras así? ¿Tienes algún problema?". ¡Oh! ¡Esa frase! Permanece en mi cabeza, aunque no la entendí de inmediato. ¡Había tanto desprecio y odio en su rostro! ¿Por qué se peleaba conmigo? En realidad, la estaba admirando, y si tenía un aspecto lamentable era porque no había dormido.

El camarero era simpático y también hablaba árabe. "Tengo que aprender francés –le dije–. ¡Es realmente urgente!". Me aconsejó ir a la Alliance Française de Montparnasse y me escribió la dirección en un papel. Tomé el metro con mi equipaje, bajé y me perdí, sorprendida al comprobar que, en ese barrio, nadie hablaba árabe. Me senté en un café y ¿a quién vi? ¡A Habib! Trabajaba cerca de allí.

–¿Por qué no contestas el teléfono, Soraya? ¡Estaba muerto de preocupación!

–No pronuncies nunca más mi nombre. ¡Déjame o llamaré a papá!

Tomó una silla para sentarse frente a mí.

–¡Sé amable! Te ayudaré. Te conseguiré un trabajo y un permiso de residencia.

–¡Vete de aquí! O mejor, llévame a la Alliance Française.

Era muy cerca. En el interior, había un grupo de argelinas. Estaban discutiendo los precios y me aconsejaron los barrios en los que había cursos gratuitos. Una de ella me propuso llevarme en automóvil a la alcaldía del sexto distrito. La sala de espera estaba llena de árabes y africanos. "Tiene suerte –me dijo un profesor–. Acaba de empezar un curso. ¡Entre ya!". Una mujer estaba enseñando las letras del alfabeto escritas en el pizarrón. A-B-C-D-E... Ya conocía las letras porque las había aprendido en el colegio de Sirte. Si tenía que empezar desde el principio, debería asistir durante varios meses y no estaría capacitada para hablar en la calle. ¡Era bastante desalentador!

En ese momento me llamó Warda. Le dije que estaba en la calle. "¡Ven a vivir a mi casa! –me dijo espontáneamente–. Vivo sola con mi hijito". Y así fue como encontré un techo provisional (en Porte de Montreuil), una amiga (que trabajaba de alternadora) y un ambiente (en el que se hablaba árabe). Eso me dejó tranquila por algún tiempo. Y terminó de perderme.

* * * * *

La primera noche, Warda quiso llevarme a la discoteca La Marquise. Al principio, me negué, pero tuve miedo de quedarme nuevamente en la calle. Me presentó a un tunecino elegante y amable, Adel, que se enamoró de mí en el acto. Fui muy clara: amaba a otro hombre y le sería fiel. Él no forzó nada, fue muy delicado y se comportó como un perfecto caballero. Se limitaba a venir con la mayor frecuencia a La Marquise e invitarnos a cenar y beber. Warda y sus amigos consumían mucho alcohol. Yo bebía casi siempre jugo de frutas. Hicham me había hecho jurar sobre el Corán que jamás volvería a beber una gota de alcohol. Así, despreocupadamente, pasé los tres primeros meses de mi estadía parisina.

Luego, mi visa expiró. Y reapareció la angustia. Ahora estaba todo el tiempo alerta, dejaba mi pasaporte en mi cuarto, no quería correr el menor riesgo. Le dije a Warda que ya no podía ir a La Marquise. Pero ella se rio: "¡Vamos! ¡Todas las chicas de la discoteca están en tu misma situación! Los policías de preocupan por controlar a los hombres y a los vagabundos. ¡Pero no a ti!". Empecé a quedarme sin dinero. Y la relación con Warda se deterioró. A veces me prohibía tocar las reservas de la heladera: "¡Es para mi hijo!". Llamé a papá para que me ayudara. "Pero ¿cómo gastas así el dinero? ¡Busca un empleo, Soraya! ¡Lava platos si es necesario!". Me sentí herida. "¡Oh, si quieres, vuelvo directamente a Bab al Azizia! ¡No me molesta!". Me envió 500 euros. ¡Solo eso! Después de pasar por el supermercado, con Warda, no me quedaron más de 100.

Entonces, Adel me propuso hospedarme en su casa. Era grande y tendría mi propio cuarto: conviviríamos como amigos. "¡Genial! –dijo Warda–. ¡Es la solución ideal!". Eso significaba: "¡Lárgate!".

Así fue como viví seis meses en Bagneux, en la periferia parisina. Seis meses en una relativa tranquilidad, porque Adel, que administraba una pequeña empresa de trabajos diversos y pintura de edificios, se esforzó por ser un compañero agradable y respetuoso. Se iba a trabajar a la mañana y me dejaba 50 euros para que comiera e hiciera las compras. Él sabía que estaba enamorada de otro, yo sabía que eso lo entristecía, pero vivíamos en armonía. Tenía confianza en él. Y cuando le conté mi drama de Bab al Azizia, me creyó instantáneamente. Tenía amigos libios que le habían hablado de los secuestros de niñas en las escuelas. Warda, en cambio, había rechazado mi historia. ¡Qué tonta fui al contársela! Ella defendía a Gadafi con el fervor de una creyente: eso me enfermaba. "¡Es el honor de los árabes, es el único que levanta la cabeza, que lleva nuestra antorcha! Es un Guía en el sentido glorioso del término, y un Guía no puede actuar con bajeza. ¡Es repugnante que te hagas la interesante a su costa!". Era insoportable oírla.

Una noche, al volver de una fiesta organizada en el restaurante Mazazic, para su cumpleaños, Adel entró a mi cuarto y se puso muy insistente. Cedí. Era sincero y conmovedor. Incluso les había dicho a sus amigos que quería casarse conmigo. En fin, eso creo. Pero me mantuve firme: yo no era libre, y mi compañero vendría a reunirse conmigo en cuanto tuviera su pasaporte, en pocas semanas. Lo empezaron a carcomer los celos. Y un día, mientras yo me duchaba, llamó Hicham y él atendió mi teléfono. El tono fue subiendo. Luego hubo gritos. Cuando me acerqué, alarmada, cortó la comunicación gritando: "¡Hijo de puta!". Esa traición me cayó muy mal. ¿Con qué derecho atendía mi teléfono? Llamé a Hicham, pero no quería hablar más conmigo. Y estallé de ira. La situación había durado demasiado. Debía partir. Y encontrar un trabajo.

Un egipcio que conocí en el almacén del tunecino de la esquina me presentó a Manar, una marroquí que trabajaba en un restaurante, administrado por un argelino, en una callejuela de Montreuil. Me enseñaron a hacer café y a servir la cerveza tirada. Ganaba 50 euros por día, más las propinas, ¡que podían llegar a 100 euros! Perfecto. Sobre todo porque me ofrecieron compartir la habitación de arriba con la marroquí. Trabajé un mes y medio antes de darme cuenta de que el bar era sospechoso —a veces, el patrón cerraba las cortinas y unas mujeres bailaban desnudas— y, algo que me indignó, que mi compañera de cuarto me robaba. Partí de inmediato. Warda, con quien había permanecido en contacto, me conectó con una tunecina que trabajaba en un bar. Empecé por lavar platos, y luego aprendí a servir y a anotar los pedidos. El gerente notó que algunos clientes iban allí para verme y me ordenó permanecer en el salón. Esto molestó a la tunecina. Uno me usaba como señuelo y la otra me tomaba por su criada. Cuando, al regresar una noche a la habitación que compartía con otra marroquí, descubrí que habían vuelto a robarme, tomé mi valija y di un portazo.

Otra vez estaba en la calle y ya no sabía a quién llamar. Volví a pensar en el egipcio. Me recibió en un gran apartamento que compartía con varias personas. No me pidió nada, pero me sentía incómoda. Era como un peso muerto. ¿Qué había sido de mi futuro? ¿Qué podía hacer en París? No había aprendido francés. Mis papeles no estaban en regla y corría el riesgo de que me arrestaran en cualquier momento. No lograba establecerme. En ese momento me llamó Hicham. Ver su nombre escrito en la pantalla de mi teléfono me dio esperanzas. ¡Pensaba en mí en el mismo momento en que me iba a pique!

–¿Cuándo llegas? –le pregunté–. ¡Te necesito!

–Nunca. ¿Entiendes? ¡Nunca! ¡Ni siquiera fuiste capaz de serme fiel!

Quedé anonadada. Llamé a mi madre.

–¡Todo es por tu culpa! Mi vida es un fracaso. Estoy perdida, mamá. ¡Perdida! No sé qué hacer, en quién confiar, adónde ir. Estoy acabada. Y tú tienes la culpa.

–¿Yo?

–No me habría ido si tú hubieras aceptado a Hicham.

–¡Soraya, no digas tonterías! Vuelve a casa. Francia no te conviene. Vuelve con nosotros.

La idea de regresar a Libia ni siquiera se me había ocurrido. ¿Regresar? ¡Pero yo no era una turista! ¡Ni siquiera una emigrada voluntaria! ¡Era una fugitiva! ¡Y me buscaba uno de los hombres más poderosos del mundo! Aunque descargara mi mal humor en mamá, la verdadera causa de mi partida había sido, sin duda, Gadafi.

–¡Volver sería demasiado arriesgado, mamá! Irían a buscarme. Nunca me dejarían en paz.

–Nos arreglaremos para esconderte. Tu padre tuvo problemas, pero tú vivirás conmigo en Sirte. Ellos te buscaron mucho al principio. Ahora creo que se calmaron. No quiero que sufras en París.

Así tomé la decisión: en pocos segundos, por un ataque de nostalgia y un impulso. No entendía cómo funcionaba Francia: ese país me fascinaba pero no me convenía. ¡Ni siquiera conocía franceses! Fui a la casa de Warda, que aprobó mi partida. Pero ya me lo había advertido: como mi visa había caducado, debería pagar una fuerte multa en el aeropuerto. Para facilitarme los trámites, telefoneó a un amigo que era policía en Roissy-Charles de Gaulle. A él le pagué, tres días más tarde, en el aeropuerto, los 1500 euros que había preparado para evitar que me prohibieran la entrada futura en territorio francés. En todo caso, es lo que yo entendí. Afortunadamente, mamá me había enviado 2000 euros el día anterior.

El 26 de mayo de 2010, tomé el avión hacia Libia, con una valija ultraliviana. Poca ropa, ningún libro, ni siquiera una foto. No me quedaba nada de los quince meses pasados en París. Ni siquiera el retrato que me había hecho un dibujante, un día de primavera, al pie de la torre Eiffel: Adel lo guardó como recuerdo.

# 10
## Engranaje

Nadie me aguardaba en el aeropuerto de Trípoli. Me había cuidado muy bien de avisar que llegaba. Ningún conocido en el gran hall de entrada. Ninguna mirada sospechosa de parte de los soldados y los policías. Volvía de incógnito. Quizá Bab al Azizia había bajado la guardia.

Llamé a Hicham. Se sorprendió. "¿Estás aquí? ¿En Libia?... Quédate donde estás. ¡Voy enseguida!". Llegó rápidamente en su 4X4. Bajó sonriendo y tomó mi pequeña maleta. No podíamos dar rienda suelta a nuestros sentimientos y abrazarnos en público. Pero, al mirarlo, recobré la confianza. Había engordado un poco y parecía ligeramente más viejo que en mi recuerdo: eso le daba un aspecto aún más tranquilizador. Nos dirigimos al mismo *bungalow* que nos había prestado antes uno de sus amigos. Tuvimos una conversación. Pronunció palabras duras para expresarme su decepción por el hecho de que hubiera vivido en París con un hombre.

−Solo era un amigo −insistí.

−¡La amistad entre un hombre y una mujer es imposible!

¡Un libio típico! Luego me contó que personal de Bab al Azizia había ido a buscarlo a la casa de sus padres. Que habían encarcelado a su hermano cuando él se fue a Túnez. Que él mismo había sido víctima de toda clase de hostigamientos: amenazas de muerte, teléfono intervenido, seguimiento. Alguien lo había denunciado en su trabajo, y nuestra historia, ampliamente divulgada, le había valido el mote de "amante de una puta de Gadafi". Hasta sus allegados le decían: "¡No puedes casarte con una perdida!".

De pronto, tuve miedo. ¿Y mis padres? ¿Qué habían sufrido? ¿Qué presiones, qué amenazas, qué castigos? Demasiado ocupada en la lucha por mi propia supervivencia, me había olvidado de ellos. Pero ¿cómo les habría hecho pagar Gadafi el hecho de dejarme huir? Quería verlos cuanto antes. Le dije a Hicham: "Llévame al aeropuerto. Llamaré a mis padres y les diré que acabo de desembarcar".

Hicimos el camino en silencio. De tanto en tanto, Hicham me miraba con preocupación. Estaba sumida en mis pensamientos. ¿Era posible que Bab al Azizia nos dejara alguna vez en paz? Llamé a mis padres, y también ellos quedaron pasmados por mi rápido retorno. Me senté en el hall para esperarlos. En ese momento, vi a Amal G., que viajaba a Túnez con su hermana mayor.

—¡Soraya! ¡Qué sorpresa! ¿Adónde vas? ¡Oí decir que estabas en París!

—¡De ninguna manera!

—¡No mientas! Hice mis averiguaciones. Me encontré con Hicham, y un amigo del aeropuerto me contó que partiste.

—¡Bravo por la solidaridad!

—¡Te equivocas! Guardé mis informaciones para mí. Pero como puedes imaginarte, Mabruka y Muamar están furiosos...

Papá llegó con mi hermana menor, a la que no veía desde hacía mucho tiempo. Me confirmó que Bab al Azizia me había buscado con insistencia y que había recibido presiones para que diera información sobre mí. Pero no me dijo nada más. Teóricamente, mi hermanita no sabía nada. A papá le preocupaba también que le contara algo a mi hermano Aziz, que acababa de regresar de Inglaterra. Ante todo, no debía cometer ningún error: para todo el mundo, yo volvía de una larga visita a mis tíos y tías de Túnez.

Cuando nos quedamos solos, dio rienda suelta a su cólera y a su amargura.

–¿Por qué volviste? ¿Por qué vienes a meterte en la boca del lobo? ¿Por qué, Soraya? He corrido todos los riesgos con alegría. Estaba dispuesto a morir para que tú te salvaras. Pero aquí no puedo hacer nada para protegerte. ¡Nada! ¡Y eso me vuelve loco! ¡Había conseguido ponerte a resguardo en un país libre, y tú desperdiciaste la oportunidad! ¡Es una locura regresar a Libia! ¡Una locura exponerte a las represalias de Bab al Azizia!

A la mañana siguiente, muy temprano, salimos con destino a Sirte. Eran cuatro o cinco horas de viaje y hablamos poco. Vi que mi padre seguía enojado. Fuimos al salón de belleza de mamá. Ella me abrazó.

–Adelgazaste. Estás muy hermosa... –Retrocedió un poco para mirarme, con mis manos en las suyas–. ¡Quizá demasiado bronceada!

No le dije que ese nuevo bronceado se debía a los rayos ultravioletas que me había recomendado Warda, días antes de viajar. A Hicham tampoco le había gustado ese nuevo color "de africana".

–¡Sigues trabajando sin descanso, mamá! ¿Por qué no dejas de hacerlo? Te ves muy cansada.

–¿Pero en qué mundo vives, Soraya? ¿Cómo alimentaremos a la familia? ¿Cómo hubieras recibido dinero en París si no tuviera este salón?

Apenas había depositado mi maleta en nuestro apartamento de la calle Dubai cuando el nombre de Mabruka apareció en la pantalla de mi teléfono. Fue como recibir una puñalada. Ignoré la llamada. Pero llamó otra vez, y otra vez. Estaba aterrorizada. Me parecía verla en la habitación. Terminé por atender.

–¿Hola?

–¡Buen día, princesa!

–...

–¿Así que diste un paseíto por Francia?

–¿Quién le dijo que estaba en Francia?

–Olvidas que somos el Estado. Nuestros servicios saben todo de ti. ¡Ven de inmediato con tu amo!

–Estoy en Sirte.

–¡Mentira! ¡Te buscamos en Sirte!

–Ahora estoy aquí.

–Muy bien. Nosotros también estaremos allí la semana que viene con tu amo. Créeme que te encontrará.

\* \* \* \* \*

Algunos días más tarde, volvió a llamar.

–¿Dónde estás?

–En el salón de belleza de mi madre.

–Ya voy.

Estaba acorralada. Tuve el tiempo justo de decírselo a mamá, afligida. Mabruka me llamó: "Estoy aquí. ¡Sal de inmediato!". Su automóvil estaba estacionado frente al salón, con la puerta de atrás abierta. Entré. El chofer arrancó como una tromba. La pesadilla volvía a empezar. Sabía adónde íbamos. Sabía lo que me esperaba. Pero ¿qué otra cosa podía hacer si no quería que toda mi familia lo pagara caro?

Salma me recibió con una sonrisa llena de desprecio. Y Fathia me tomó del brazo: "Ven rápido al laboratorio. Necesitamos análisis completos". No me resistí, no protesté, mis ganas de vivir habían desaparecido. Me convertí en una autómata. Me hicieron esperar dos o tres horas. Luego Salma me dijo secamente: "¡Sube a la habitación de tu amo!". Estaba vestido de rojo, tenía el cabello despeinado y una mirada satánica. Gruñó: "¡Ven, zorra!".

Pasé el resto de la noche en lo que ya había sido mi cuarto de paso, al lado de Farida. Estaba herida en todas partes, sangraba, estaba mortificada. Me odiaba por haber vuelto a Libia. Me odiaba por haber fracasado en Francia. No había sabido salir adelante, relacionarme con las personas adecuadas, encontrar un empleo. Como, si desde mi primer día en Champs Elysées, me hubieran tomado por una muchacha fácil, una mujer objeto, una zorra, como decía Gadafi. Como si tuviera esa etiqueta pegada en la frente. Farida empezó a burlarse de mí y me ponía nerviosa: "Conozco otras chicas que partieron al extranjero para trabajar de putas. ¡Pobres! Sin honor ni fidelidad, sin valores ni columna vertebral. Muchachas del arroyo que regresan con la cabeza gacha para ver a Papá...".

Estallé. Salté sobre ella, la golpeé y la sacudí con rabia. Me encontraba en un estado de furia que jamás había experimentado antes. Ya no podía controlarme: explotaba. Apareció Mabruka e intentó separarnos. Pero yo era como una leona que no soltaba su presa. Tenía aferrada a Farida, que lloraba de terror. Mabruka alzó la voz mientras trataba de alejarme. Bramé: "¡Oh, tú! ¡Tú te callas!". Quedó petrificada. Nadie le había hablado nunca así. Todas las chicas eran dóciles con la gran jefa. Rápidamente llegó Salma y me dio una brutal cachetada que recordé por mucho tiempo: creí que me había quedado sin cabeza. "¿Quién eres tú para hablarle así a Mabruka?".

Me llevaron por un laberinto de pasillos desconocidos hasta un cuarto oscuro y sucio. No tenía ventanas ni aire acondicionado, cuando afuera la temperatura debía de ser de casi 40 grados. El olor a encierro me sofocaba y vi que había cucarachas. Lloré, me mesé los cabellos hasta quedarme sin fuerzas. Y me desplomé sobre el colchón.

Algunas horas más tarde, Fathia abrió la puerta: "Te llama tu amo". Subí. Encontré a Farida acurrucada contra Gadafi, con la cabeza sobre su torso, que acariciaba y besaba. Gimió: "Soraya es mala y está loca. ¡Si usted supiera, mi amo, cómo me pegó!". Señalándome con la mirada, él le dijo: "Ve, zorra. Tienes derecho a darle una bofetada". Farida se lanzó sobre mí y me dio dos. "¡Sal de aquí! ¡Te dije una sola!". La despidió con su mirada de loco y se volvió hacia mí: "¡Ah, eso me gusta! ¡Eres una salvaje! ¡Oh, cómo me gusta! ¡Esa furia en ti! ¡Esa fogosidad!". Me arrancó la ropa y me arrojó sobre la cama.

–¡Se lo ruego! ¡No me haga nada! ¡Me duele demasiado! ¡Por favor!

–¡Se debate la tigresa! Me encanta ese nuevo temperamento. ¿Francia te dio esa furia, eh?

Como sangraba abundantemente, tomó la toalla roja para recoger la sangre: "Está bien esto. ¡Oh, muy bien!". Grité: "¡Deténgase! ¡Se lo suplico! ¡Me duele mucho!". Me arrastró hasta la ducha y orinó sobre mí. Aullé de dolor. Tocó un timbre y vino una ucraniana, Claudia, una pelirroja de cara angelical. Me llevó al laboratorio, me dio analgésicos y una loción calmante. Sus gestos eran seguros: parecía acostumbrada. Quise volver a mi cuarto, pero debí retroceder para no cruzarme con una enorme delegación de africanos que habían ido a reunirse con Gadafi en su tienda.

Al día siguiente, se suponía que todo el mundo partiría hacia Trípoli. Me planté frente a Mabruka: en el fondo de mí, había algo duro, inflexible, insensato.

–Yo me quedo. Estoy enferma. No iré con ustedes.

–Te has convertido en una persona muy obcecada. Arrogante e insoportable. ¡Ya no vales nada! ¡Vuelve con tu madre!

Salma me tiró 1000 dinares, como se hace con una prostituta después de su sucio trabajo. "¡Lárgate! El chofer te espera".

Entré al automóvil. En la pantalla de mi teléfono, vi una decena de llamados de Hicham. Y un mensaje: "Si no contestas, es que estás con el otro. Él siempre triunfará. No tengo ningún interés en una historia tan sórdida. Prefiero romper". Abrí la ventanilla y arrojé mi teléfono.

*  *  *  *  *

El automóvil me dejó en mi casa. Mamá estaba muy preocupada. Había intentado comunicarse conmigo. Parecía destruida.

–Tengo que cambiar de vida, mamá –le dije–. Tengo que intentar otra cosa. Bab al Azizia, Hicham, todo eso terminó para siempre.

–¿Hicham? ¿Volviste a ver a ese tipo? ¿Me mentiste otra vez?

–¡Mamá! Ese "tipo" es el que me dio fuerzas para sobrevivir. Nunca lo olvidaré.

Mamá me miró con una expresión de disgusto. Como si de pronto fuera culpable, y no ya una víctima. Como si Hicham y Gadafi pertenecieran al mismo universo de perversión. Era insoportable.

En casa, el ambiente se había vuelto muy tenso. Mi sola presencia exasperaba a mamá. Ya no era su hija: era una mujer a la que los hombres habían tocado y que había perdido todo su valor. Sus miradas, sus suspiros, sus comentarios: todo era una acusación. Pero se contenía para no revelar el fondo de su pensamiento. Y de pronto, un día, dejó estallar su rencor:

—No puedo más. Ya no tenemos vida. Tu padre y yo no merecemos esto. ¡Ni tus hermanos! Toda la familia es objeto de bromas en el vecindario.

—¿Qué dices? ¡Si la gente sabe algo será porque tú lo contaste!

—¡No son tontos, Soraya! Todo el mundo notó las idas y venidas, tu desaparición, los automóviles de Bab al Azizia. ¡Qué vergüenza! Antes éramos una familia respetable, y ahora debemos ocultarnos. ¡Es demasiada presión! ¡Un desastre!

Opté por volver a partir hacia Trípoli con papá. La ciudad era más grande. No me ahogaría tanto. Hicham trató de reanudar el contacto. Estacionó frente a la casa, tocó la bocina y gritó mi nombre colocando sus manos alrededor de la boca como un altoparlante. Temí la reacción de los vecinos y preferí llamarlo con mi nuevo teléfono. Pero ¿para qué verlo? No quería correr el riesgo de exponerlo a la ira de Gadafi y sus esbirros. Sabía que eran capaces de matar por menos que eso.

Cuando mamá llegó a Trípoli a pasar con nosotros el viernes, día de oración, me atreví a hablarle, con palabras veladas, de un problema que me oprimía el pecho. Después de haber sido permanentemente oprimidos, aplastados, mordidos, mis senos estaban hundidos y me dolían mucho. Tenía veintiún años y los senos de una anciana. Mamá se desesperó. Sin duda, tenía que ver a un médico. Debía encontrar un especialista, quizás en Túnez. Me dio 4000 dinares y se organizó para que viajara a la capital de ese país con mi hermano menor. Una joven respetable nunca viaja sola.

Cuando volví, me esperaba otro problema: la boda de Aziz con una joven de Sirte. Debería haberme sentido feliz, ya que las fiestas de casamiento son ocasiones de júbilo y encuentros. A todas las muchachas de mi edad les encanta eso. Se visten, se peinan, se maquillan. Una puede descubrir un primo desconocido, está en la edad del amor... Pero temía, justamente, las miradas, las preguntas, los rumores que seguramente había provocado mi ausencia en las anteriores reuniones familiares. Me sentía angustiada. Y además, estaba celosa. ¿Por qué no admitirlo? La novia sería bella, virgen, respetada. Yo tenía la impresión de estar gastada.

Me mantuve sobria y traté de pasar inadvertida. Mamá se ofendió porque no quise ponerme un vestido largo. Preferí una blusa de colores y un pantalón negro elegante. Y atendí a todo el mundo con discreción. Tenía respuestas preparadas para las preguntas inevitables: había ido a la escuela en Trípoli y luego a la facultad de odontología. Sí, todo estaba bien en mi vida. ¿Casarme? Por supuesto, algún día... "Tengo un marido para ti", me susurraron algunas tías. Eso me hizo sonreír. Salvé el día.

Y la vida se reanudó en Trípoli. Aziz volvió para vivir allí con su esposa. Tomaron el dormitorio grande: yo debí reducirme. Sobre todo porque mi hermano empezó a desempeñar el papel de jefe de familia: le horrorizaban mis cigarrillos –aunque solo fumaba en el baño– y a veces parecía que estaba a punto de pegarme. No lo reconocía. Seguramente él pensaba lo mismo con respecto a mí. Un chofer de Bab al Azizia me vino a buscar varias veces. Debió partir solo. Le decían que yo no estaba. Me sorprendió que no insistieran más.

Más tarde, cometí el error que destruyó definitivamente la confianza que me tenía mamá. Usé a Bab al Azizia como cobertura para irme algunos días con Hicham a fin de 2010. Qué ironía, ¿verdad? Invoqué un llamado de Mabruka y le dije a mi madre: "Tengo para unos tres o cuatro días seguramente". Era odioso, pero no tenía otra manera de conseguir un poco de libertad.

A mi regreso, se declaró la guerra en casa. Bab al Azizia me había reclamado de verdad. Para mi familia, esta vez, yo estaba perdida.

# 11
## LIBERACIÓN

El 15 de febrero de 2011, la población de Bengasi salió a la calle. Mujeres. Sobre todo, mujeres. Madres, hermanas, esposas de presos políticos asesinados en 1996 en la cárcel de Abu Salim, que protestaban contra el inesperado arresto de su abogado. La noticia sorprendió a todo el mundo, aunque se sabía que mucha gente se estaba preparando para manifestar en Trípoli dos días después, el 17 de febrero, decretado "día de la cólera". Me fascinó esa ola de exasperación y rebeldía que se empezaba a sentir en la población. No podía imaginar hacia dónde llevaría todo eso: Muamar el Gadafi me parecía eterno e inamovible. Pero notaba con asombro que había cada vez más expresiones irreverentes contra él. Burlas, sarcasmos. Seguía inspirando temor, pues todos eran conscientes de que tenía derecho de vida o muerte sobre cada uno de los libios, pero ese temor estaba teñido de desprecio y odio. Y los tripolitanos expresaban esto de forma cada vez más abierta.

El 16, quizás impulsada por la revolución en ciernes, me fui de mi casa. Era mi pequeña revolución personal. ¿Me consideraban una perdida? Muy bien. Llevaría agua a su molino. Dejé a mi familia para unirme a un hombre: una actitud no solo inconcebible, sino ilegal, en Libia, donde toda relación sexual fuera del matrimonio está estrictamente prohibida. Pero ¿qué me importaba la ley después de todas las violaciones que había sufrido a manos de quien precisamente debía encarnarla? ¿Se atreverían a condenarme por querer vivir con el hombre que amaba, cuando el dueño de Libia me había secuestrado y violado durante años?

Hicham y yo nos instalamos en un pequeño *bungalow* que él mismo había construido en Enzara, en los alrededores de Trípoli. Él trabajaba para un pescador como buceador para atrapar pulpos. Yo lo esperaba y le preparaba la comida. Me sentía feliz. Habría querido asistir a la gran manifestación del 17 de febrero, pero no fue posible. Estaba demasiado lejos. Me quedé pegada al televisor: Al Jazeera difundía en directo las imágenes de la insurrección. Vibraba al verlo. ¡Qué movimiento! ¡Qué audacia! Los libios se rebelaban. ¡Por fin! Borré en mi teléfono todos los números de Bab al Azizia. Ahora tenían asuntos más urgentes que buscarme a mí.

Gracias a algunos contactos en el tribunal de Trípoli, Hicham consiguió que firmáramos, secretamente, un contrato matrimonial. No hicimos fiesta ni les avisamos a nuestros padres, que, de todos modos, nunca habrían dado su conformidad. Pero eso me tranquilizó por un tiempo, aunque más tarde descubrí que el documento no tenía ningún valor jurídico.

Un día, Al Jazeera mostró imágenes de una mujer joven, Inas al Obeidi, que irrumpió en el comedor de un hotel de lujo de Trípoli, donde se hospedaba la prensa occidental, gritando que había sido violada por milicianos de Gadafi. Fue una escena increíble. Mientras ella gritaba su historia, los hombres del protocolo y de seguridad acudieron presurosos para hacerla callar. Pero ella seguía, lloraba, se debatía. Algunos periodistas trataron de interponerse, pero finalmente los agentes se la llevaron por la fuerza, ante el estupor de todo el mundo. Su valentía me impresionó. Seguramente la harían pasar por loca. O por una prostituta. Pero estaba levantando el velo sobre los casos de miles de mujeres: no dudé ni un instante de que las tropas de Gadafi violaran, a imagen de su jefe.

Unos amigos de Hicham le hicieron saber que Bab al Azizia, para resguardarse, estaba intentando "hacer una limpieza" y quería eliminar a las "hijas", que se habían vuelto testigos molestos e irrecuperables. Me enteré de que algunos hombres armados a sueldo de Gadafi –los famosos kataebs– habían ido a buscarme a casa, amenazando a mis padres. Mamá, aterrada, fue a refugiarse a Marruecos. Papá, duramente interrogado, dijo que yo la había acompañado. "¡Hazla volver!", le ordenaron. Los kataebs también visitaron la casa de los padres de Hicham: "¿Dónde está Soraya?". La familia contestó que no me conocía, pero Hicham fue citado a la comisaría del barrio. "Debo llevarte a Túnez –me dijo–. No podemos perder ni un minuto".

Un amigo suyo que manejaba una ambulancia me hizo pasar la frontera para que pudiera llegar a la casa de mis primos tunecinos. Seguía día a día las noticias de Libia. Los ataques de la OTAN, los avances de los rebeldes, toda la barbarie de ese enfrentamiento que era como una verdadera guerra. Vivía angustiada. Quería regresar a Libia. Hicham se negó con firmeza. Temía que los rebeldes me consideraran cómplice de la camarilla de Gadafi, un miembro del primer círculo, con lo que eso implicaba de sospecha de corrupción y de indignidad. ¡La idea me pareció ridícula! ¿Yo, cómplice? ¿Yo, que había sido secuestrada y esclavizada? ¿Yo, que no tenía otra esperanza para rectificar mi vida que ver a Gadafi destituido y juzgado por fin por lo que me había hecho? Le grité en el teléfono que esos temores eran grotescos y hasta insultantes. ¡Era el colmo que me incluyeran en el bando del verdugo! Pero más tarde me llegaron rumores de que habían matado a Najah y a Farida. Y, de pronto, sentí miedo.

En agosto, cuando empezaba el Ramadán, me enteré de que una vidente había anunciado la muerte de Gadafi y la liberación de Trípoli para el 20. Entonces volví. En primer lugar, me reuní con Hicham en su pequeño *bungalow*, pero era insoportable. No había agua, gas, electricidad, ni nafta. Los ataques de la OTAN continuaban. Reinaba el caos. El 8 de agosto, un grupo de gadafistas fue a pedirle a Hicham que participara, junto con su hermano, en una operación nocturna, cerca de Zauiya. Creo que se trataba de evacuar a una familia en barco, pero confieso que no entendí los detalles. Tal vez no quiso preocuparme. Hicham parecía contrariado, aunque tuve la impresión de que no tenía alternativa. Partió una noche. Nunca regresó.

Me llamaron para decirme que un ataque de la OTAN había destruido la embarcación. Corrí a casa de la madre de Hicham, sacudida por la noticia. Estaba llorando y me abrazó. Dios sabe, sin embargo, que ella desaprobaba nuestra relación. La abrumé con preguntas, pero no sabía mucho más que yo. Las informaciones eran contradictorias, fragmentadas. Todo lo que se sabía era que Hicham había sido dado por muerto. Su hermano había nadado durante nueve horas para llegar a la costa y estaba sano y salvo, solo herido en las piernas. Pero no nos explicó nada. Hicham había desaparecido, debíamos considerarlo muerto, aunque no se encontró su cuerpo, contrariamente a los de los demás. Hubo un funeral. Estaba destruida.

Y luego llegó el 23 de agosto y la liberación de Trípoli. La gente estaba en la calle, al mismo tiempo sorprendida, eufórica y aliviada. Las mujeres salían con sus hijos y enarbolaban los colores de nuestra nueva bandera. Los hombres se abrazaban, bailaban, disparaban ráfagas de kaláshnikovs al cielo y vociferaban "*Allahu Akbar*". Los altoparlantes difundían los cantos de la revolución. Los rebeldes, extenuados y felices, eran recibidos como verdaderos héroes. ¡Habían abierto las prisiones y tomado por asalto Bab al Azizia! Era inimaginable. Lancé nuestros clásicos gritos ululantes de alegría, aplaudí la entrada de las caravanas de autos, agradecí a Dios por ese día que quedaría como el más grande de la historia de Libia. Pero, dentro de mí, lloraba. Estaba destrozada y perdida. Hicham no se encontraba allí.

Durante toda la noche y los días siguientes, la televisión difundió fascinantes imágenes de las tropas rebeldes que invadían la fortaleza, entraban a las casas y las residencias del clan Gadafi, y mostraban objetos pertenecientes al Guía como trofeos grotescos. Se burlaban de su mal gusto y del lujo deplorable de las propiedades de sus hijos. Las fotos y los bustos del coronel fueron desfigurados, pisoteados y despedazados. Presentaban la casa de Safia como la "casa familiar", en la que se suponía que el dormitorio de Gadafi estaba junto al de su esposa. Me pareció increíble. Evidentemente, nadie tenía la menor idea de los que ocurría detrás de los innumerables portones de seguridad de Bab al Azizia. Nadie podría imaginar jamás que en esos subsuelos habitaba un puñado de desdichadas.

Vivía temporalmente en la casa de la novia de un amigo de Hicham, pero papá se preocupaba por mí. El 28 de agosto, acepté partir con él a Túnez. Regresé a Trípoli a fines de septiembre.

Pero ¿qué haría de mi vida? ¿Cómo podía volver a controlarla? Tenía solo veintidós años, pero la extraña impresión de haber visto demasiado, de haber vivido demasiado, de que mis ojos y mi cuerpo estaban demasiado cansados. Gastados para siempre. Sin energía. Sin deseos. Sin esperanza. En un callejón sin salida. No tenía dinero, ni educación, ni oficio. Vivir con mi familia ya era imposible: mis hermanos sabían la verdad. ¿Dónde podía alojarme, entonces? Ningún hotel libio admite a una mujer no acompañada. Ningún propietario respetable le alquila una habitación a una mujer soltera. Hayat, mi amable prima tunecina, había aceptado acompañarme por un tiempo breve en Trípoli. ¿Y después?

Oí decir que la Corte Penal Internacional había lanzado una orden de captura internacional contra Gadafi por crímenes de lesa humanidad. Entonces puse todas mis esperanzas en la fuerza de mi testimonio. Tenía que hacerme oír. Tenía que contar mi historia y presentar una acusación implacable contra mi verdugo. Porque quería verlo entre rejas. Quería enfrentarlo, mirarlo a los ojos y preguntarle fríamente: "¿Por qué? ¿Por qué me hiciste eso? ¿Por qué me violaste? ¿Por qué me secuestraste, me golpeaste, me drogaste, me insultaste? ¿Por qué me enseñaste a beber y a fumar? ¿Por qué me robaste mi vida? ¿Por qué?".

Y ahora estaba muerto. Fue ejecutado el 20 de octubre por los rebeldes, apenas salió del tubo de desagüe en el que se había escondido. ¡Qué ironía! ¡Él, que los trataba de ratas! Vi en la televisión su rostro lleno de sangre y su cuerpo expuesto en una sala fría de Misrata, como un trozo de carne descompuesta. Y no sé si predominaba en mí el alivio de saberlo definitivamente derrotado, el horror ante toda esa violencia o la cólera por ver que escapaba así a un juicio. La cólera, sin duda. Murió sin tener que rendirle cuentas a los libios, a los que había pisoteado durante cuarenta y dos años. Sin comparecer ante la justicia internacional, ante todo el mundo. Y sobre todo, ante mí.

Algunos rebeldes, a quienes les había contado mi historia, me llevaron a lo que había sido anteriormente la Academia Militar de Mujeres, y que hoy ocupa una de sus brigadas. Me

escucharon durante mucho tiempo y prometieron hacerme justicia: "Hay muchas otras muchachas en tu situación", me dijeron. Me
asignaron un alojamiento temporario, confiscado en el parque de
las antiguas residencias de los mercenarios de Gadafi. Me sentí a
salvo. Pero me equivoqué. Un rebelde abusó de mí. Una muchacha
con semejante pasado...

Esta vez me quejé: a pesar del oprobio y de las amenazas, me
mantuve firme. Como la Libia de hoy pretende ser un Estado de
derecho, traté de tener confianza. Pero me tuve que mudar. Y debí
esconderme. Y tratar de ignorar los insultos en mi teléfono, que
eran cada vez más violentos.

Creo que lo dije todo. Era una necesidad y tal vez un deber. No
fue fácil, créame. Todavía tengo que batallar con una profusión de
sentimientos que se entrechocan en mi cerebro y no me dejan en
paz. El miedo, la vergüenza, la tristeza, la amargura, el asco, la rebeldía. ¡Qué ebullición! Algunos días, eso me da una fuerza que en
cierto modo me devuelve la confianza en mi futuro. Pero, con
mayor frecuencia, me abruma, me arroja a un pozo de tristeza de
donde creo que nunca más podré salir. "Una muchacha perdida",
suspiran mis padres. "Una muchacha a la que habría que matar",
piensan mis hermanos: para ellos, está en juego su honor. Y esta
idea me congela la sangre. Degollarme los convertiría en hombres
respetados. El crimen lavaría la vergüenza. Estoy deshonrada, y
por lo tanto, deshonro. Estoy acabada: ¿quién lloraría entonces
mi muerte?

Querría hacer mi vida en la nueva Libia. Me pregunto si es
posible.

# PARTE II

## *La investigación*

# 1
## Tras las huellas de Soraya

Soraya no inventó nada. Contó lo que vio, lo que vivió, lo que sintió, sin la menor vacilación cuando tuvo que reconocer que no sabía, no entendía o no conocía. No pretendía exagerar la historia ni tampoco su papel en ella. Jamás extrapolaba. Con frecuencia, ante mis pedidos de precisión, respondía: "Lo siento, pero de eso no sé nada. No estuve allí". No aspiraba simplemente a ser creíble: quería que le creyeran. Y había algo muy vital en su exigencia. Por otra parte, esos fueron los términos de nuestro acuerdo: mejor un silencio que una aproximación o una mentira. El menor engaño echaría a perder la credibilidad de todo el testimonio. Entonces dijo todo, corrigiendo incluso a su padre cuando en algunos momentos pretendía modificar un poco los hechos. A veces, al relatar las escenas con Gadafi, Soraya se disculpaba por usar palabras crudas que consideraba degradantes. Pero no podía hacerlo de otro modo. Se divertía imaginando las dificultades para la traducción: "¡Me pregunto qué palabra usarás para decir esto! No te facilito la tarea, ¿eh?".

¡Pero qué narradora maravillosa! Se prestó a la entrevista con una buena voluntad y una valentía que me conmovieron. Nos reuníamos todos los días, en ese comienzo del año 2012, en el apartamento de

Trípoli en el que se alojaba temporalmente, con menos frecuencia en la habitación de mi hotel, y ella se internaba con pasión en su relato, se sumergía en las situaciones, interpretaba las escenas como una sucesión de episodios al reconstruir los diálogos, agitaba las manos, alzaba el tono y las cejas, a veces se ponía de pie e interpretaba todos los personajes, pasando de Gadafi a Mabruka o a... Tony Blair.

¿Cómo olvidar la emoción de verla revivir algunos momentos cruciales, cuyo horror nunca la abandonó? La tristeza de oír a veces cómo brotaba su desesperación. La preocupación al imaginar su futuro. También nos reíamos a carcajadas cuando, después de una larga conversación, ella ponía en el televisor un canal de clips egipcios, se anudaba a la cadera un chal con lentejuelas metálicas y me enseñaba, sexy, irresistible, la técnica de la danza del vientre. "¡Mantente derecha, Annick! ¡Brazos abiertos, el pecho erguido, sonrisa conquistadora! ¡Vamos! ¡Ondula! ¡Balancéate!".

Las relaciones con su familia se siguieron deteriorando, aisládola aún más. Por eso no quiso que yo volviera a ver a sus padres antes de irme de Trípoli. Afortunadamente, ya había conocido a su padre en enero de 2012. Un hombre bajo, encorvado, calvo, con expresión angustiada. Una tarde fue a visitar a su hija, casi subrepticiamente, sin avisarle a su esposa, y la miraba con infinita ternura.

—Ella siempre fue, desde pequeña, la que alegraba la casa —me dijo—. ¡Era graciosa de nacimiento! El día en que desapareció, la casa se hundió en la tristeza, de la que nunca más salió.

El hombre se reprochaba por no haber estado en Sirte el día de la visita de Gadafi a la escuela de su hija.

—¡Si usted supiera cuántas veces imaginé la escena del ramo de flores! ¡Me volvió a la mente centenares de veces! Estoy seguro de que los cómplices ya habían pasado por el salón de belleza y allí descubrieron a Soraya. Y sospecho que el director de la escuela debe de haber estado en combinación con la camarilla de Gadafi para reunir a un grupo de niñas que sin duda le gustarían. Después, bastaba con inventar cualquier pretexto para mostrárselas. Ahora lo sé con certeza: en cada región de Libia, Gadafi disponía de una banda de criminales para hacer ese trabajo sucio.

Todavía apretaba los puños con rabia y sacudía la cabeza, perdido en sus pensamientos, sus pesares, sus remordimientos.

–¡Si hubiera estado allí, jamás habría permitido que Soraya se marchara con esas tres mujeres con un pretexto absurdo! ¡No tenía ningún sentido! Cuando mi esposa me lo dijo, sin atreverse a explicarme más por teléfono (toda Libia sabía que los teléfonos estaban intervenidos), viajé a toda velocidad de Trípoli a Sirte y se lo reproché. El ambiente era terrible. Pasamos en vela una noche, dos noches, tres noches. Me volví loco. Quería que me tragara la tierra. Las compañeras de Soraya, sus profesores, nuestros vecinos, las clientas del salón de belleza, todo el mundo preguntaba: ¿dónde está Soraya? Entonces regresé a Trípoli y su madre pudo contestar: está con su papá.

¿Quejarse? ¿Ante quién? ¿Por qué? Soraya se había ido en un automóvil del protocolo, escoltada por dos guardaespaldas del Guía. Protestar era impensable.

–¿A quién se le ocurriría quejarse contra el diablo en el infierno?

Y cuando los padres recibieron la confirmación de que se habían cumplido sus peores temores y que Gadafi simplemente se había apoderado de Soraya, se derrumbaron.

–La alternativa era clara: la vergüenza o la muerte. Porque denunciar, protestar o quejarse equivalía a una condena a muerte. Entonces me escondí en Trípoli y olvidé definitivamente el sabor de la felicidad.

Ansiaba que se le hiciera justicia a Soraya. Que pudiera regresar con la frente alta, con el "honor lavado", ante su familia ampliada. Sabía que era imposible.

–Todo nuestro entorno sospecha de la historia de Soraya y me considera lógicamente como un "subhombre". Entre nosotros, no existe peor insulto. También alcanza a mis hijos varones. Destruidos, acomplejados, incapaces de imaginar otra solución, para parecer verdaderos hombres, que matar a su hermana. ¡Es terrible! Ella no tiene la menor posibilidad en Libia. Nuestra sociedad tradicional es demasiado tonta y demasiado despiadada. Le diré algo: por doloroso que sea para mí, su padre, sueño con que alguna familia extranjera la adopte.

* * * * *

Tenía que ir a Sirte, la ciudad de Gadafi. Quería ver la casa en la que había crecido Soraya, el salón de belleza hábilmente manejado por su madre, la escuela en la que había tenido lugar el episodio del ramo de flores. Soraya no quiso acompañarme, pero entendió mis razones. Ella misma se preguntaba qué había sucedido con el feudo gadafista situado a 360 kilómetros de Trípoli, antigua aldea de pescadores que el amo de Libia aspiraba a transformar en capital de los Estados Unidos de África, y que había sido un lugar de encarnizados y sangrientos combates en el otoño de 2011, fuertemente bombardeado por la OTAN. Decían que ahora era una ciudad fantasma, minada por el resentimiento y enferma por sus sueños de grandeza hoy destrozados. Evidentemente, al decidir refugiarse en ese sitio en su hora final, atrayendo así sobre él un diluvio de pólvora y fuego, Gadafi no le había hecho ningún favor.

La ruta era larga, recta, monótona. Atravesaba inmensas extensiones desérticas, en las que se destacaban, bajo un cielo metálico, manadas de carneros y de dromedarios grisáceos y errantes. Cayeron algunos chaparrones y lavaron el parabrisas. Luego se levantó un fuerte viento produciendo torbellinos de arena que complicaron la marcha del auto. Aparecían de pronto al borde del camino siluetas de beduinos que sostenían con sus manos las bufandas que les protegían el rostro, y a cada instante existía el peligro de que se atravesaran animales. En los puestos de control, rebeldes con capuchas y anteojos de sol para evitar la arena, hacían señales para que pasaran los automóviles con un simple movimiento de sus kaláshnikovs, sin pedir identificación. El clima no se prestaba para hacer visitas. Dicen que el viento del desierto hace enloquecer. Pero poco a poco el sol se abrió paso. Y apareció Sirte. O más bien su esqueleto.

Hileras de casas vacías, devastadas y saqueadas. Armazones de edificios, paredes ennegrecidas, perforadas por tiros de cohetes y de morteros. Algunas casas y construcciones en ruinas, mejor dicho, hechas trizas. En ese lugar, habían tenido lugar combates desesperados y salvajes. En otras partes, la situación parecía menos grave. Pocos inmuebles quedaron en pie, pero de tanto en tanto se veían, a lo largo de grandes avenidas con palmeras, algunas tiendas abiertas.

—La vida se reanudó rápidamente —me dijo un comerciante—. Algunos huyeron, por supuesto, y no volverán. Pero el setenta por ciento de los setenta mil habitantes ha regresado. Y se adaptan. Y reparan. Con el riesgo de tener que apiñarse de a diez en la única habitación más o menos intacta de su casa. ¿Qué otra cosa pueden hacer?

El sector de la calle Dubai donde se encontraba la casa de la familia de Soraya estaba bastante preservado. Los edificios blancos alineados, idénticos, de tres o cuatro pisos, mostraban pocas señales de destrucción. Habían vuelto a pintar los porches de verde y, bajo las arcadas, se abrían las tiendas de ropa, de artículos de droguería y de belleza. En una calle adyacente, estaba la peluquería de la madre de Soraya. Horadada por las balas y con la cortina metálica cerrada, lo que podía llevar a que se la confundiera con cualquier otra cosa. Pero un vecino me dijo que era para proteger a las clientas de las miradas de los transeúntes, ya que no habían podido reemplazar los vidrios destrozados. En el interior, una empleada le teñía algunos mechones de dorado a una joven clienta de aspecto sofisticado; otra vino hacia mí, sonriente, para avisarme que ya no tenía turnos disponibles ese día. Tres mujeres con jeans ajustados y un velo sobre el cabello, que estaban esperando, me miraron con detenimiento. No, la patrona no estaba en ese momento. Miré a mi alrededor, tratando de descubrir algún detalle que recordara a Soraya. Pero en las paredes negras y rosadas no había fotos ni adornos. Solo espejos ovalados, en los cuales me habría gustado descubrir su rostro.

\* \* \* \* \*

Impaciente, me dirigí rápidamente a la escuela. "La escuela de la Revolución Árabe". Un inmenso edificio arena y blanco, aparentemente intacto o muy bien restaurado. Apenas pasada la una de la tarde, decenas de niños y niñas se agolpaban en los pasillos. En las grandes escaleras recién pintadas resonaban sus gritos. Afuera, otros escolares se diseminaban en un patio interior con baldosas rosadas, que se prolongaba en un gimnasio y un campo de deportes. Las niñas llevaban el uniforme descripto por Soraya: túnica y pantalón negros, y un chal blanco que cubría los cabellos. Me sorprendió la corta edad de las alumnas. Soraya me había dicho que en esa escuela solo se cursaban los tres años de liceo, es decir que los estudiantes deberían tener entre quince y diecisiete años. ¿Me había equivocado de lugar?

Un hombre de rostro demacrado y espeso bigote me explicó que dos escuelas de Sirte con depósitos de armas habían sido alcanzadas por la OTAN y quedaron completamente destruidas, de modo que debieron organizar rotaciones de alumnos para aprovechar al máximo los edificios preservados. A la mañana, funcionaba una escuela, y a la tarde, otra. Llamaron por teléfono al director del liceo de niñas que funcionaba a la mañana, y que ya se había retirado del establecimiento. Llegó en pocos minutos. Alto, atlético, el rostro enmarcado en una barba tupida. Glacial, inquieto. Nos instalamos en un aula vacía y me habló de la enorme cantidad de dificultades que tuvieron que enfrentar para que sus 913 alumnas pudieran empezar las clases el 15 de enero, solo dos semanas más tarde que el resto de Libia. Todo un logro, si se tenía en cuenta que los combates habían durado mucho más tiempo que en otras partes. Los padres se habían movilizado en una forma extraordinaria. Todo el mundo trabajó para quitar los escombros, reconstruir puertas, ventanas, instalaciones sanitarias y volver a pintar todo el edificio. Habían robado los equipamientos –microscopios, televisores, computadoras– y las oficinas, las bibliotecas y los laboratorios habían sido completamente saqueados. Ante la falta de ayuda del Estado, las familias aportaron dinero. Sirte estaba herida, exangüe, pero la escolaridad de los niños no debía sufrir por ello. Las cosas ya eran bastante duras.

–¡Nadie entiende hasta qué punto nuestros estudiantes están traumatizados! Algunas familias han perdido hasta cinco miembros en los últimos combates. Algunas niñas han tenido súbitos ataques de histeria en clase o han perdido el conocimiento. Una palabra, una imagen, pueden provocar llantos en cadena. Nuestra asistente social resulta insuficiente. Necesitamos psiquiatras.

En la escuela faltaban docentes. Algunas profesoras habían perdido a sus maridos en la batalla de Sirte y no habían querido o podido retomar los cursos. Una parte del personal había desaparecido. ¿Murieron?

–Se fueron –me dijo sobriamente–. Como el ex director. Abandonó Libia. No tenemos ninguna noticia de él.

Seguramente era demasiado gadafista para creer que sobreviviría sin problemas a su héroe. Por eso, él, Mohammed Alí Mufta, había sido nombrado como su sucesor. Hacía diecinueve años que enseñaba en la escuela y se sentía a la altura de sus nuevas responsabilidades. Sobre todo porque, contrariamente a los rumores difundidos, no habría demasiados cambios en los programas escolares. Eso me sobresaltó. ¿No acababa de decir el nuevo ministro de Educación que era urgente transformar la pedagogía, reformular los programas y convocar a un equipo de expertos que se encargara de reescribir todos los manuales escolares? Algunos rebeldes me habían señalado ciertas aberraciones en los planes didácticos de Gadafi. En las clases de geografía, por ejemplo, se presentaba el mundo árabe como una entidad indivisible, y los mapas solo mostraban los nombres de las ciudades, pero no las fronteras entre países. El estudio del *Libro Verde* insumía varias horas semanales y se extendía durante años. La enseñanza de idiomas occidentales como el inglés y el francés había sido eliminada a principios de la década de los ochenta, y reemplazada por la de lenguas subsaharianas, como el suajili y el hausa. La historia de Libia simplemente empezaba con Gadafi: el reinado de los sanusíes, anterior a 1969, ni siquiera se mencionaba...

—Nuestra escuela es predominantemente científica —replicó secamente el director—. Por lo tanto, no nos conciernen demasiado los cambios, sobre todo porque ya hemos experimentado un método de enseñanza tomado de Singapur. En cuanto a las clases de cultura política, bastó con suprimirlas.

Fue entonces cuando formulé mi pregunta. La que me obsesionaba desde el primer segundo de mi visita a ese liceo. Abril de 2004. Visita del coronel Gadafi. Regalos y ramos de flores entregados por alumnas bonitas. Y secuestro de una de ellas, señalada por el Guía, para convertirse en su esclava sexual. ¿Había oído hablar él de esa historia? Brasas ardientes aparecieron en sus ojos de carbón. Apenas había terminado mi frase cuando gritó:

—¡Es falso! ¡Grotesco! ¡Ridículo!

—¿Perdón?

—¡Lo que usted dice no tiene ningún sentido! ¡El coronel Gadafi jamás visitó escuelas!

Estaba descompuesto, fuera de sí. Proseguí con voz tranquila.

—He conocido a la joven. Su testimonio es serio. Me dio todos los detalles.

—¡Le digo que es falso! ¡Absolutamente falso!

Alzó tanto la voz que se volvió intimidante. Yo seguí. Toda Libia había visto que Gadafi visitaba con frecuencia escuelas y universidades, incluso en plena revolución. Los diarios publicaron fotos. La televisión lo filmó.

—¡No en Sirte! ¡Era SU ciudad! ¡Incluso nos lo reprocharon bastante. ¡Nunca vino a una escuela de Sirte! ¡Se lo garantizo!

Me hubiera gustado que Soraya estuviera en ese momento conmigo, que confundiera y aniquilara a ese hombre con la precisión de su testimonio. (Tres días más tarde, cuando le relaté la escena y le mostré fotos de la escuela, que ella me comentó con mil recuerdos, primero se sintió abrumada, pero luego estalló su cólera). Insistí por última vez ante Mohammed Alí Mufta. En esa escuela había hijos de primos de Gadafi, miembros de su tribu. Conociendo el interés del coronel por la enseñanza, cuyos códigos dictaba, era bastante lógico que les hiciera una visita amistosa... Pero se mantuvo firme.

–¡Jamás! ¡Son habladurías! Es posible que se haya dirigido a los alumnos a través de un video que proyectamos en la pantalla grande. ¡Eso es todo!

Inútil insistir. No obtendría nada más. Y de pronto me pareció peligroso dar el nombre de Soraya, por el que curiosamente no preguntó, porque podía exponer a su familia a represalias. Evidentemente, Sirte no había dado vuelta la página.

Estaba por abandonar el lugar cuando vi a un grupo de profesoras muy jóvenes en un pequeño cuarto que daba al amplio pasillo del primer piso. Iban y venían, seguramente entre dos clases, para beber un té, dejar un portafolios, reír entre colegas. Me deslicé hasta allí. Rápidamente me rodearon, me ofrecieron una silla y un jugo de frutas, y en pocos segundos, en cuanto cerraron la puerta de ese lugar lleno de insignias de la revolución, todas empezaron a hablar al mismo tiempo, contando historias y recuerdos, expresando sus indignaciones. Una empezaba a contar una anécdota, otra la interrumpía para agregar algo más fuerte y una tercera se sumaba gritando: "¡Tengo algo peor!". Me costaba mucho trabajo tomar nota de todo lo que decían. Era como si se hubiera abierto una compuerta que liberaba un torrente. Imposible detenerlas.

¿Secuestro de niñas? "¡Todo Sirte estaba al tanto!". ¿Sirte, la gadafista? Una joven coqueta con los ojos muy maquillados trató de explicarme:

–Gadafi tenía influencia sobre los habitantes de su ciudad, su tribu, su familia. La escuela nos educaba en su culto. Pero todo el mundo sabía que, moralmente, era un sinvergüenza. ¡Miente quien diga que lo ignoraba! –Sus cinco colegas aprobaron ruidosamente, "asqueadas" por las cosas que me había dicho el director–. Su predecesor emprendió la fuga después de formar parte de la última trinchera de gadafistas. ¡Lamentablemente, el nuevo está en la misma línea! Como también lo estaba el nuestro [el de la escuela que funcionaba en el mismo establecimiento de tarde], hasta que presentamos una queja formal al Ministerio diciendo que seguía criticando la intervención occidental en Libia y envenenando las mentes jóvenes.

Una de las mujeres aseguró que había estudiado en el liceo de Soraya y había visto a Gadafi "pavoneándose" en el gimnasio. Me mostró el edificio del otro lado del patio por la ventana. No recordaba a Soraya, pero fue muy clara al decir que el Guía había visitado el lugar. Su vecina de rostro risueño enmarcado en un velo rojo también le había oído pronunciar un largo discurso en la Universidad de Sirte, dos años atrás. "Cuando llegaba, se cerraba todo el barrio, se interrumpían las clases, el tiempo quedaba suspendido".

Aprovechaba cualquier oportunidad, dijeron, para conocer mujeres jóvenes. Llegaba por su cuenta, a último momento, a las fiestas de casamiento. "La mayoría de los anfitriones se sentían halagados –dijo una joven–. Pero mis tíos, aunque forman parte de su familia, me prohibieron mostrarme". Invitaba a las alumnas a visitarlo con frecuencia en la katiba Al Saadi, donde tenía su residencia y se realizaban festivales de canciones.

–Fui dos días seguidos con la escuela, pero luego mis padres me prohibieron volver allí. "Es un lugar lleno de peligros", me explicó mi hermano. Si el peligro no viene de él, viene de su pandilla, los suboficiales, los guardias, cualquier militar. ¡Sus costumbres son contagiosas!

Fingía estar enfermo para que las estudiantes fueran a confortarlo.

–Yo tenía dieciséis años y estaba en el Liceo del Pensamiento Vanguardista, cuando un profesor anunció que Papá Muamar estaba enfermo. Prepararon un bus para llevarnos al cuartel, donde nos recibió dentro de una tienda. Llevaba una chilaba blanca y un pequeño gorro de algodón beige, y nos abrazó a todas, una por una. Estábamos muy intimidadas. ¡No tenía el menor aspecto de enfermo!

Otra recordó que la escuela la había llevado a la misma katiba para saludar al coronel Chadli Bendjedid, presidente de Argelia: "Gadafi necesitaba estar permanentemente rodeado de muchachas. Le servíamos de propaganda al mismo tiempo que éramos objetos de su lujuria".

Finalmente, otra de las profesoras contó que un día, un clan originario de Misrata organizó una gran fiesta de lealtad oficial al Guía. A él le encantaba esa clase de manifestaciones, pues siempre estaba preocupado por garantizarse el apoyo de las diferentes tribus. Allí puso los ojos en una jovencita, amiga de la que relataba la anécdota. Al día siguiente, unos guardias fueron a buscarla a la escuela. El director se negó a entregarla: no era un buen momento, dijo, pues estaba rindiendo un examen. Pero esa misma noche, la muchacha fue secuestrada durante una fiesta de casamiento. Desapareció tres días, durante los cuales fue violada por Gadafi. Cuando regresó, la casaron con uno de sus guardaespaldas: "Su propio padre, que era profesor, me lo contó, rogándome que fuera discreta".

Llegó la hora de sus clases, y se fueron rápidamente, después de pedirme que no publicara sus nombres. Las cosas no son sencillas

en Sirte. Muchos de sus habitantes se lamentan, amargados, renco-
rosos y pesimistas, por la decadencia de su ciudad, convencidos de
que el nuevo poder les hará pagar durante mucho tiempo su relación visceral con quien fue el Guía.

* * * * *

Me resultaba bastante difícil seguir las huellas de Soraya, pues temía atraer la atención sobre ella o su familia, despertar la ira de sus
hermanos y poner en riesgo su futuro en Libia. Más que nunca, su
historia personal debía permanecer secreta. Solo Hayat, su prima
tunecina, hoy su única y devota confidente, se mostró generosa,
como fiel testigo de los intentos de Soraya de huir, revivir y librarse
de los problemas familiares. Lamentablemente, no conseguí entre-
vistar a otras muchachas que habían vivido con ella en Bab al
Azizia. La primera Amal se había casado y rogó que se olvidaran de
ella. Amal G., entre sexo y alcohol, añoraba a su gran hombre y
odiaba la idea de que Soraya lo denunciara. Un chofer de Bab al
Azizia y dos mujeres que habían trabajado en el servicio del protocolo, solo recordaron, en la conversación, haberse cruzado alguna
vez con Soraya, silueta fugaz. Eso fue todo. Muy poca gente tenía
acceso a aquel sórdido subsuelo.

Por fin, en París, Adel, su amigo tunecino, me proporcionó algunas claves para entender mejor el fracaso de su estadía parisina.
Me encontré con él en un café. Bajo y fornido, con el cabello peinado hacia atrás y un rostro muy dulce, me habló de Soraya con
nostalgia y ternura.

–Llegó destruida, desestructurada, sin ninguna experiencia de
trabajo, horarios, disciplina, vida en sociedad. Como una niñita que
hubiera desaprendido totalmente el mundo. Y como un pajarito

que, al querer emprender vuelo, se estrellara una y otra vez contra el vidrio de la ventana.

Él, Adel, se había ocupado de ella en la medida de sus posibilidades. La recibió en su casa cuando se hizo evidente que ya no podía quedarse de casa de Warda, le consiguió un empleo de ayudante en una peluquería, aunque no duró mucho porque no hablaba francés, inició trámites con una abogada para que obtuviera sus documentos, subvino a sus necesidades durante varios meses.

–Era terrible verla batallar y fracasar siempre. Víctima de las falsas promesas de hombres que solo querían aprovecharse de ella.

Por supuesto, el error de Soraya fue no esforzarse por aprender inmediatamente francés. También fue culpa de las primeras personas que conoció, Warda y los otros con los que se topó en La Marquise, ese restaurante de especialidades libanesas al que fui una tarde y que, después de la medianoche y hasta la madrugada, se convertía en una discoteca oriental. ¡Era tanto más fácil vivir hablando árabe! Pero eso impedía toda integración a la sociedad francesa, toda posibilidad de relación, de formación o de empleo. Además, Soraya era incapaz de acostarse antes de las cuatro de la mañana y levantarse antes de las once, era reacia a toda disciplina y a obedecer órdenes. Como si, después de Gadafi, nadie más pudiera arrogarse un derecho o una autoridad sobre ella.

Por haber perdido prematuramente a su padre en Gades, Adel, el mayor de tres varones, había aprendido muy temprano a desempeñar el papel de paterfamilias. Interrumpió sus estudios para ayudar a su familia, emigró a París y creó una pequeña empresa de construcción y refacción de viviendas, en la que trabajaba muy duro. Había recibido a Soraya como "el nuevo bebé de la familia". Ella era vulnerable y él debía cuidarla. Estaba un poco enamorado, por supuesto. ¿Quién no se enamoraba de Soraya cuando bailaba en La Marquise, haciendo ondear la masa de sus cabellos de ébano y riendo a carcajadas? Ella incomodaba a las demás muchachas, porque era demasiado libre, demasiado brillante, pero batía récords de popularidad entre todo el personal. Durante el día, fumaba, hablaba por teléfono, miraba televisión. A veces lloraba, cuando la asaltaban recuerdos, interrogantes, angustias. Al parecer, a Adel podía decirle todo. Incluso le habló de Gadafi, me dijo, con "una extraña mezcla de odio, furia y respeto". Soraya protestó más tarde, cuando le mencioné esta palabra. Pero ¿cómo asombrarse de que se mezclara cierta deferencia con su rechazo y su resentimiento hacia aquel que había tenido derecho de vida y muerte sobre ella, a una edad tan decisiva?

−Sé que ella habría deseado que le dedicara más tiempo −se lamentó Adel−, que saliera con ella durante el día y me adaptara a su ritmo nocturno, sin presiones. ¡Pero yo no podía! ¡Estaba exhausto! No es fácil sobrevivir en Francia cuando se es un inmigrante. Requiere voluntad y un trabajo ímprobo. Ella no lo entendía. No estaba lista para nada.

La cohabitación llegó a su fin. Adel no la abandonó cuando ella consiguió un trabajo en un bar, y luego en otro. La visitaba en su buhardilla y antes de ir, hacía las compras.

−Me daba cuenta de que le costaba arreglarse sola.

Cuando lo llamó por teléfono para decirle que iba al aeropuerto para tomar un vuelo a Libia, no lo pudo creer.

−¡No puedes hacer eso! ¡No es posible!

Horas más tarde, lo volvió a llamar desde Trípoli.

−¡Soraya! Cometiste un error gravísimo.

−¡No tenía otra alternativa!

−Entonces atente a las consecuencias.

## 2
## LIBYA, JADIYA, LEILA... TANTAS OTRAS

Yo quería contar otras historias, además de la de Soraya. Hablar de otras tragedias vividas por mujeres jóvenes que habían tenido la desgracia de cruzarse un día en el camino del "Guía" y cuya vida había cambiado en un instante. Quería demostrar que se trató ni más ni menos que de un sistema, que implicó innumerables complicidades y perduró en el tiempo. Pero no era sencillo encontrar a las mujeres involucradas.

Muchas huyeron de Libia, angustiadas ante la liberación de Trípoli, porque temían que las consideraran cómplices de Gadafi. ¿Acaso no habían vivido en Bab al Azizia? ¿No llevaban con frecuencia uniforme? ¿No disponían de enormes ventajas, reservadas a la camarilla del dictador? ¿No era perturbadora esa identidad de "Hija de Gadafi"? Las apariencias estaban en su contra, y la mayoría de ellas no quiso correr el riesgo de tener que explicarles a los rebeldes que no se había tratado de una elección de vida. ¿Qué clase de piedad podían esperar esas mujeres a las que los libios llamaban las "putas" de Gadafi y para quienes no imaginaban otro destino que la prisión? Muchas de ellas habían roto mucho tiempo atrás con sus familias, y ahora intentaban sobrevivir en Túnez, en Egipto, en Beirut, practicando la única actividad que habían aprendido con Gadafi y que podía reportarles dinero.

Otras se habían vuelto invisibles antes de la revolución, a menudo casadas a la fuerza por Gadafi con algunos de sus guardias masculinos después de haberse cansado de ellas. A veces, con menos frecuencia, se casaban con algún primo al que le ocultaban que se habían hecho en el extranjero una himenoplastia, esa operación consistente en reconstruir el himen. Otras eran solteras. Una condición muy difícil de vivir en Libia, objeto de todas las sospechas. Como las relaciones sexuales fuera del matrimonio estaban prohibidas por la ley, esas mujeres corrían el riesgo de ser encarceladas si se sabía —o se sospechaba— que tenían amantes, y luego encerradas en un correccional del Estado, del que solo podían salir si sus familias les ofrecían un techo o si aparecía un marido. En una sociedad tan conservadora, ¿quién correría entonces el riesgo de admitir públicamente haber tenido una relación sexual con Gadafi, aunque fuera bajo coacción? Sería un suicidio social.

Sin hablar de las amenazas de represalias. De parte de los hombres de su propia familia, que se sentían deshonrados. De parte de rebeldes y parientes de "mártires" de la revolución con sed de venganza. De parte de gadafistas que ellas habían visto en Bab al Azizia y temían, con razón, sus testimonios.

Una mujer, una sola mujer, habló en abril de 2011, en medio de los combates. Solemnemente. Y por su propia iniciativa. Era una ex guardaespaldas de Gadafi. Tenía cincuenta y dos años. Apareció en la televisión de Bengasi, llevando grandes anteojos y ceñida con la bandera de la revolución, para referirse a la desgracia de las mujeres que, como ella en la década del setenta, habían cometido el error de adherir a las fuerzas revolucionarias creyendo en la sinceridad del Guía, y fueron ultrajadas y violadas por él durante largos años. Gritaba más que hablar, mirando a cámara. Ocupaba toda la pantalla y les imploró a los partidarios de Gadafi que abrieran por fin los ojos y llamaran a los libios, a los árabes y a todo el mundo a vengar a las mujeres violadas. En medio de los combates, esa aparición televisiva dejó estupefacto al público. Por primera vez, alguien dejaba entrever la realidad de la vida de las "amazonas", pronunciaba la palabra "violación" y señalaba con el dedo al propio dictador. "¡Abajo las máscaras! –le ordenó esa mujer al régimen–. ¡Basta de hipocresía! ¡Despierta, pueblo de Libia!". Luego, desapareció.

No me pude reunir con ella hasta abril de 2012. Seguía tan combativa como antes, y me relató jirones de su vida devastada. Las amenazas de muerte que sufrió tras su aparición televisiva la habían obligado a huir a Egipto, donde les transmitió a los insurgentes libios y a la OTAN toda la información de que disponía. Habían atentado contra su vida, pero al parecer, nada podía detenerla. Pidió ir al frente, tomó las armas en Sirte e intervino en todos los combates, hasta el final. "Allí es donde me sentí más protegida". Sin embargo, no era una heroína. El escándalo de sus confesiones había provocado un verdadero terremoto en su familia: sus hermanos, afectados por la vergüenza y el deshonor, tuvieron que vender su casa. Ella seguía siendo objeto de amenazas. Precisamente, acababa de llegarle un mensaje: "Tu nombre está en una lista negra. Pronto te asesinaremos. Alá, Muamar, Libia".

Otras mujeres, aterradas, también aceptaron confiarme su verdad. Yo misma entrevisté a algunas, aun brevemente. Otras, que se decían incapaces de enfrentar la mirada de una extranjera para revelarle una historia que nunca les habían confesado a sus íntimos, se la contaron a una mujer libanesa que apoyaba mi proyecto, autorizándola expresamente a transmitírmela a mí, convencidas de la importancia de escribir un libro sobre ese tema. Pero con la condición de no mencionar su nombre y de que yo no ofreciera ningún detalle que permitiera identificarlas: "Me suicidaría en el acto —me dijo una mujer—, si supiera que mi marido o mis hijos pudieran descubrir algún día mi pasado". Sé que lo haría.

## LIBYA

La mujer que apareció en la televisión me sugirió que la llamara Libya. No es su verdadero nombre, por supuesto. Pero revelarlo sería suicida, y con su testimonio, ella quería expresar su esperanza en un país liberado del yugo de Gadafi. Había pasado alrededor de treinta años junto al dictador. "¡Una vida! —dijo sobriamente—. Mi vida. Desperdiciada". Estaba aún en el liceo, en Bengasi, cuando unas jóvenes militantes, apenas mayores que ella, la convocaron para integrar un Comité Revolucionario. Fue a fines de la década del setenta: el tercer capítulo del *Libro Verde* del hermano coronel, que acababa de aparecer, insistía sobre el papel y los derechos de la mujer en la sociedad libia, y en todas partes se difundía propaganda para llamar a las jóvenes a "liberarse de sus cadenas". Todas debían servir a la revolución y convertirse en las mejores aliadas del líder. La cooptación por parte de un Comité Revolucionario era presentada como un privilegio, una puerta de entrada a la élite del país: Libya se sentía halagada, aunque sus padres estaban un poco preocupados. De todos modos, no podían oponerse: "Una negativa habría terminado con ellos en prisión". Se hacían muchas reuniones, había discursos exaltados, a veces aparecía Gadafi y avivaba el entusiasmo de las muchachas dispuestas a todo para servir a ese hombre que se dirigía a ellas con aire de profeta. Se acercaba el décimo aniversario de su revolución y él quería convertirlo en un acontecimiento grandioso, al que asistirían, en Bengasi, muchos jefes de Estado. Las mujeres armadas demostrarían que eran la punta de lanza de la más bella revolución.

Libya abandonó la escuela, se comprometió a fondo con el Comité, se entrenó para marchar al paso y aprendió a manejar armas. Gadafi tiene razón, pensó, al confiar en las mujeres y enseñarles a romper todos los tabúes, aun a riesgo de malquistarlas con sus padres. ¡Al diablo con las cadenas de la tradición! ¡La libertad es algo que se debe conquistar! Libya estaba encantada de no dormir más con su familia sino con sus camaradas del centro de entrenamiento. Al anochecer del 1º de septiembre de 1979, después del gran desfile retransmitido por todos los canales de televisión, cuando todas las compañeras regresaban exaltadas a su vivienda colectiva, les avisaron que el coronel quería saludarlas. Encantadas, una decena de muchachas se dirigieron a su residencia: él se mostró simpático, zalamero, seductor. Luego se retiró a su apartamento. Entonces, las militantes que rodeaban al pequeño grupo de muchachas le pidieron a una de ellas, de quince años, que fuera con él. La vistieron con un traje tradicional y le hicieron mil recomendaciones para que lo adulara elogiando su revolución. La niña entró al apartamento llena de alegría. Salió postrada, con sangre entre los muslos. El grupo de jóvenes militantes quedó en estado de shock.

La vida siguió su curso. Libya volvió con su familia, pero iba menos a la escuela y siguió asistiendo, cada vez más angustiada, a las reuniones del Comité, junto con militantes muy activas en la universidad, todas ellas asiduas visitantes del lecho de Gadafi. Con el correr de los meses, varias de sus jóvenes compañeras fueron llamadas, una después de otra, a reunirse con el coronel en Trípoli, Sirte o Misrata. Las llevaba un chofer. A veces, un avión. Y lo que contaban al regresar sumía a Libya en la desesperación. Pero ¿qué podía decir? ¿Cómo huir? Su turno llegó seis meses después de los festejos del 1º de septiembre, durante una visita del Guía a Bengasi. Algunas militantes fueron a buscarla una noche para llevarla a su residencia, la desvistieron totalmente y la empujaron dentro de su habitación a pesar de sus lágrimas y sus súplicas: "¡Mi madre me matará! ¡Tengan piedad!". Él la esperaba envuelto en una bata de seda, la violó sin decir una palabra y luego la echó dándole unos golpes en las nalgas. "¡Perfecto, niña!". Ella no les dijo nada a sus padres ni presentó ninguna queja ante el Comité de la Revolución, que todos los días amenazaba **con** arrojar a un pozo a "los saboteadores" que se atrevieran a **criticar** al Guía, "amigo, protector y libertador de todas las mujeres". Pero Libya se aisló y se sentía triste: sus padres, preocupados, creyeron que estaba deprimida o enamorada y decidieron casarla sin pedirle su opinión. Un día, al volver de la escuela, vio que habían organizado una recepción en su casa. Había muchos invitados y un imán. Le pusieron bajo los ojos un contrato de matrimonio y le dieron una orden: "Debes firmar aquí".

Esa misma noche, al descubrir que ya no era virgen, el marido, ultrajado, exigió el divorcio. Habría podido despedirla de inmediato, pero se mostró "comprensivo" y esperó dos semanas. Ella se sentía avergonzada: no podría sostener la mirada de los demás. La idea de volver a casa de sus padres la llenaba de pánico. Entonces telefoneó a... Bab al Azizia. ¿Acaso Gadafi no les había asegurado a las militantes, al alentarlas a romper con sus familias "reaccionarias", que él siempre estaría allí para apoyarlas? "Toma ya mismo el avión para Trípoli", le dijeron. Unas mujeres la esperaron en el aeropuerto, la llevaron a Bab al Azizia y la introdujeron en lo que Libya describió como un enorme "harén". Allí vivían juntas muchas mujeres, en habitaciones dobles o individuales, a merced del Guía,

de sus humores, de sus fantasías, de sus menores exigencias. La
mayoría de ellas, llevadas a él por intermedio de los famosos
Comités Revolucionarios, habían sido violadas y, para escapar al
oprobio de sus familias, no tenían otra alternativa que entrar a su
servicio. Al menos allí las hospedaban, las alimentaban y las vestían... con uniformes de guardias. Al menos tenían una apariencia
de estatus: guardianas de la revolución. Donde ellas vivían, nada
estaba prohibido: consumían en abundancia alcohol, cigarrillos y
hachís. Gadafi las inducía a hacerlo. Y el programa de los días y las
noches era invariable: "Comer, dormir, tener sexo". Salvo cuando
el Guía viajaba a Sirte o a otra ciudad y todos los habitantes de la
casa debían seguirlo. O cuando partía al exterior, adonde Libya, a su
pesar, nunca era invitada. "Tenían miedo de que aprovechara para
escaparme". Algunas lo habían hecho: las encontraron en Turquía
y las llevaron de vuelta a su país, les raparon la cabeza, las acusaron
de traidoras, las presentaron en la televisión como prostitutas de
burdeles y finalmente las ejecutaron. Todos los días se cruzaban las
muchachas que iban allí por una sola noche y se marchaban. Algunas se presentaban en forma voluntaria, y otras, bajo coacción:
"Gadafi nos presionaba a todas para que le lleváramos a nuestras
hermanas, primas, y eventualmente, nuestras hijas".

Un día de 1994, Libya se sintió en la obligación de alertar a una
madre contra las intenciones de Gadafi hacia sus dos bellísimas y
jóvenes hijas. Incrédula y molesta, la mujer se lo contó al Guía, que
se volvió loco de furia. Entonces Libya huyó. Tomó un avión militar
hacia Tobruk, y luego un automóvil hacia Egipto, donde fue arres-
tada por no tener visa. Opositores libios lograron hacerla llegar a
Irak, donde pasó dos semanas, y por temor al partido Baath, huyó
rápidamente a Grecia. Las redes de Gadafi la descubrieron, y al
regresar a Libia fue encarcelada durante un año y medio en una

prisión situada en el subsuelo de una granja. Luego volvió... a Bab al Azizia justo al comienzo de la revolución de 2011. "Una vieja esclava junto a las más jóvenes", dijo. Definitivamente atrapada.

## JADIYA

Jadiya es una joven desencantada y sombría, consciente, por haber sido amenazada y atacada muchas veces, de que su experiencia y su conocimiento del sistema gadafista la ponen hoy en gran peligro. La primera vez que la vi, una madrugada de enero de 2012, tenía su ropa, blanca, cubierta de sangre. Esa noche, unos desconocidos la habían raptado y violado, a modo de advertencia. Los labios bien delineados y la nariz un poco fruncida, fumaba un cigarrillo tras otro, se comía las uñas y hablaba con indiferencia incluso con cierto cinismo. A los veintisiete años, decía no tener ninguna ilusión sobre lo que podía ofrecerle la nueva Libia. Solo trataba de sobrevivir, en alguna parte de Trípoli. Su destino se había descarrilado el día que conoció a Gadafi. Su muerte no le ofrecía ninguna esperanza de redención.

Era estudiante de primer año de derecho en la Universidad de Trípoli a comienzos del milenio, cuando un altercado con una directora de escolaridad provocó su inmediata expulsión. Conmocionada, sin nada que hacer, fue a una peluquería y contó allí su desventura. Una clienta la escuchó con curiosidad y compasión. "Lo que te ocurre es muy injusto. Pero conozco una persona que puede arreglar eso: el Guía. Puedo llevarte a verlo. ¡Él resolverá tu problema!". Jadiya quedó pasmada. ¿Sería posible? La verdad era que el amo de Libia tenía todos los poderes... La mujer la condujo a Bab al Azizia, donde un hombre, Saad al Fallah, la llevó de inmediato a que "una enfermera de un país del Este" le tomara una muestra de sangre. Le pidió que regresara al día siguiente. "Me pareció extraño, pero me dije que, por supuesto, un jefe de Estado debe ser extremadamente prudente". Al día siguiente, Brega, una guardaespaldas uniformada, la llevó directamente a la habitación del Guía. Estaba rodeado por varias personas, que le mostraban fotos tomadas el día de la fiesta nacional. Pero apenas se marcharon, Gadafi empezó a hacerle avances apremiantes, que ella rechazó, y la violó sin pronunciar una palabra.

Cuando la joven salió del cuarto, horrorizada, Saad al Fallah no manifestó ninguna sorpresa ni tuvo ningún gesto benevolente hacia ella. Le tendió un sobre con 1000 dinares y le dijo: "Tienes suerte de haber sido elegida. Queremos que trabajes para nosotros". No quiso saber más: solo pensaba en huir de Bab al Azizia. Partió rumbo a Trípoli y se dirigió a la casa de su hermana, en el sur de Libia, renunciando a sus esperanzas de volver a la facultad, por temor a que alguien pudiera encontrarla en casa de sus padres. Pero pronto la familia sufriría represalias. El hermano de Jadiya, que estudiaba en Malta, fue arrestado al regresar a Libia por tenencia de estupefacientes. Le habían introducido droga en su equipaje. Podía ser condenado a muerte. La mujer que Jadiya había conocido en la peluquería la llamó por teléfono. "Debes ir a ver a Muamar: es el único que puede salvar la vida de tu hermano".

Jadiya comprendió que se trataba de un chantaje. Pero también sabía que el régimen no vacilaría en cumplir su amenaza. Regresó a Trípoli y aceptó encontrarse con Saad al Fallah. "Se puede cambiar la condena a muerte de tu hermano por quince años de prisión: depende de ti". A cambio de eso, Jadiya tenía que ir a vivir a Bab al Azizia, integrarse al grupo de las falsas guardaespaldas personales de Gadafi y ceder a sus deseos. Muerta de miedo, se mudó al subsuelo en el que más tarde viviría Soraya, y se incorporó a un grupo que, según sus cálculos, estaba integrado por unas treinta muchachas permanentes. Como a Soraya, la llamaban a cualquier hora del día o de la noche. Observó las "entregas" de niñas vírgenes que no tenían la menor idea de lo que les sucedería, las visitas relámpago de hombres jóvenes, las artimañas de algunas mujeres para conseguir casas, autos, dinero.

Muy pronto le encargaron otra misión: seducir a determinados dignatarios del régimen y a los hombres conocidos más cercanos al Guía para hacerlos caer en una trampa. La instalaron en un apartamento que ella describió como lujoso –"cinco estrellas", dijo– dentro del perímetro de Bab al Azizia, totalmente equipado con cámaras. Debía atraer a ese lugar a los hombres que le indicaran: los ponían en su camino y le sugerían en cada caso la manera de conquistarlos. Tenía que comprometerlos en la forma más grave posible haciéndoles beber alcohol y tener sexo con ella. Las filmaciones constituían un instrumento de chantaje que luego se ponía a disposición de Gadafi. Los nombres que Jadiya señaló con precisión son sorprendentes, y van del jefe del servicio de informaciones libio a algunos ministros, coroneles, generales, y hasta un primo de Gadafi. La joven dijo que también la enviaron a Ghana: allí la instalaron en el hotel Golden Tulip, con la misión de seducir al embajador y al contador de la embajada.

Como lo hacía habitualmente con la mayoría de sus "hijas" (Jadiya poseía el vergonzante documento que acreditaba su identidad como tal), un día Gadafi le adjudicó un marido elegido entre sus guardias. Jadiya no tenía ninguna alternativa, pero al menos ingresaría a la comunidad de las mujeres casadas: eso la haría más respetable ante la sociedad libia y ante su familia. Esperaba tener una nueva vida, albergaba la ilusión de un verdadero matrimonio, y como disponía de un poco de dinero, fue a una clínica tunecina para que le reconstruyeran el himen. El día anunciado, mientras los invitados estaban reunidos en la casa de su madre y ella acababa de pintarse las manos con henna, sonó el teléfono. Era de Bab al Azizia. El Guía exigía que fuera allí de inmediato. Jadiya protestó: "¡Es el día de mi boda!". La amenazaron. Fue allí con la muerte en el alma. "Él tenía que estropear ese momento. Tenía que mostrar que seguía siendo el amo: me abrió". El casamiento no cambió en nada las cosas.

En febrero de 2011, durante los primeros días de la revolución, Saad al Fallah fue a visitarla, con cuatro soldados, y le ordenó hacer una declaración en un canal de la televisión nacional diciendo que había sido violada por rebeldes. Sería como lanzar una bomba. Jadiya pertenece a la poderosa tribu Warfalla. La revelación pública de una violación constituiría una afrenta al honor colectivo y causaría un escándalo mayúsculo: implicaría represalias inmediatas e impediría toda adhesión de la tribu más grande de Libia a la revolución en marcha. Pero sobre todo, Jadiya comprendió que esa falsa confesión la condenaría a ella misma frente a todos. "¡Mi propia familia se encargaría de matarme!". Entonces se negó. La golpearon, la violaron y la quemaron con cigarrillos. Uno de los guardias le rompió la tibia con el acero de su talonera, obligando a un médico de Bab al Azizia a intervenir con urgencia. Finalmente, ella fingió aceptar la orden, con la condición de que le permitieran ir a reponerse a casa de su madre, en el barrio de Tadjoura. A la noche, logró burlar la vigilancia de los guardias apostados frente a su casa y se escapó en camisón por la puerta de atrás, con su pasaporte. Algunos rebeldes que encontró mientras huía la ayudaron a pasar a Túnez, donde permaneció durante toda la revolución.

# LEILA

Leila tiene en la actualidad unos cuarenta años y la sensación de ser una sobreviviente. Está casada con un primo que se enamoró de ella, educa a sus hijos y vive con la obsesión de que alguien descubra un día el escandaloso secreto que ha arruinado su juventud. Me contó su historia entre lágrimas. Era la primera vez que lo hacía.

En su adolescencia, tuvo como compañera de escuela a la sobrina de un amigo y mano derecha del coronel Gadafi, que lo había ayudado a tomar el poder en el golpe de Estado del 1º de septiembre de 1969. Las dos militaban juntas en un Comité Revolucionario, y cuando un día su amiga organizó para un grupo de la escuela un encuentro con el Guía, Leila se entusiasmó. Un minibús condujo a las jóvenes a Bab al Azizia, donde fueron recibidas en un gran salón ubicado en el primer piso de lo que en ese momento era la residencia de Gadafi y que sería destruida en parte durante el bombardeo norteamericano de 1986. Muamar el Gadafi se mostró carismático y atento. Distendido, se tomó tiempo como para interesarse en cada una de ellas, haciéndoles preguntas sobre el lugar de origen de su familia, su tribu, su región. Se rió mucho, y las muchachas quedaron subyugadas.

Poco tiempo después de esa visita, una empleada de la escuela fue a buscar a Leila a su clase para llevarla a la oficina de la directora, quien le anunció, muy impresionada, que un automóvil de Bab al Azizia la esperaba frente al establecimiento. Leila no entendía nada. Pero tuvo que seguir al chofer. En primer lugar, la introdujeron a un salón, donde aguardó un momento. Luego, Ahmed Ramadan, secretario personal de Gadafi, la llevó al escritorio del Guía. Este, vestido con una túnica blanca, fue a su encuentro, elogió su belleza y empezó a acariciarla y a manosear su cuerpo. Estupefacta, Leila se puso tensa, y cuando Gadafi oprimió sus senos, dio un respingo, gritó, se soltó y huyó. Ahmed Ramadan esperaba del otro lado de la puerta. "¿Terminó?", le preguntó con un tono neutro. Leila lloraba. "¡Debe despedirse del Guía antes de partir!", insistió el hombre, y volvió a abrir la puerta, dejando ver al coronel risueño, con el sexo en erección. El chofer volvió a llevarla a la escuela. La directora y las profesoras no hicieron ninguna pregunta. Notó simplemente que la trataban con un respeto diferente.

Esa misma noche, Ahmed Ramadan la llamó por teléfono a su casa: "Es un gran honor que el Guía te haya elegido. Tus lágrimas son ridículas. El Guía sólo quería ser amable contigo". Leila no le dijo nada a sus padres.

Pero una semana más tarde, miembros de un Comité Revolucionario entraron a su casa y la registraron, en busca de documentos supuestamente comprometedores. El padre de Leila, un hombre de la nobleza y conocido por su religiosidad, fue humillado, golpeado y arrojado al piso. La familia quedó conmocionada.

Ahmed Ramadan llamó al día siguiente: "Me enteré de lo que le ocurrió a tu familia. Pero no te preocupes: te protegeremos porque trabajas para el Guía". Le comunicó que le enviaría un chofer que la esperaría cerca de su casa. La joven se sintió atrapada, inventó un pretexto para explicarles su salida a sus padres y poco después, se encontró en Bab al Azizia frente a Gadafi.

–¿Viste lo que le pasó a tu familia? Podría empeorar mucho más. Solo depende de ti: tú puedes hacerles bien o mucho mal...

–¿Qué debo hacer?

–¡Vamos! ¡Ser dócil! Puedo sentir que te excito.

Le sirvió un jugo de frutas, la obligó a beber y la besó lascivamente apretándose contra ella. Luego desapareció.

El automóvil volvió a buscarla algunos días más tarde. Ahmed Ramadan la introdujo en un pequeño salón, donde esperó sola durante varias horas. Luego la llevó a una biblioteca, a la que finalmente llegó Gadafi. "Elegí este decorado para ti porque me encantan las estudiantes y los libros". Acto seguido, la arrojó sobre un colchón y la violó. Fue un impacto tan fuerte, sucedió con tanta violencia, que la adolescente perdió el conocimiento. Cuando volvió en sí, él estaba trabajando frente a su escritorio y lanzó una carcajada: "¡Más adelante te gustará esto!".

La siguió mandando a buscar durante tres años. Y siguió violándola. "Yo soy el amo de Libia. Todos los libios me pertenecen, ¡incluyéndote a ti!". También le decía: "Tú eres mi cosa. Y debes saber que un sura del Corán reconoce que el dueño tiene todos los derechos". Tres años de sufrimiento absoluto, recordaba Leila. Se encerró en sí misma, perdió la escuela, en su casa la castigaban y la golpeaban por esas ausencias que nunca lograba explicar. Sus padres suponían que llevaba una vida disoluta. Pero Gadafi le repetía: "¡Dices una sola palabra sobre mí y no verás nunca más a tu padre!". Un día, ella le dijo que no tenía la regla desde hacía un tiempo. Pero eso no impidió que él volviera a encarnizarse con ella. Sin embargo, poco después, Ahmed Ramadan le entregó un sobre con dinero y le sugirió que viajara a Malta. La cantidad era mínima, no le habían organizado nada, y Leila tuvo que buscar por sí misma un hotel y un hospital. Después de practicarle un aborto, el médico consideró que se hallaba "en un estado lamentable" y le propuso hacerse una himenoplastia algunos días más tarde. Así se salvó. Contrariamente a lo habitual, Bab al Azizia no la convocó nunca más.

## HUDA

Huda también fue, durante varios años, una de las múltiples amantes obligadas del coronel que, sin vivir en Bab al Azizia, eran convocadas en todo momento y cuya vida era un infierno. Tenía diecisiete años en la década de los noventa y estaba preparando el examen de fin de estudios secundarios con un grupo de compañeras: solían estudiar juntas con frecuencia, en casa de una u otra. Un día, una mujer que visitaba a la madre de una de las adolescentes se fijó en ella y le dijo: "¡Qué hermosa eres!". Huda se sintió muy incómoda y rehuyó la insistente mirada de la mujer. Pero pronto la volvió a ver y la mujer renovó sus elogios: "Creo que eres maravillosa. Rinde pronto tu examen: tengo una propuesta que hacerte". Muy molesta, la joven pensó que era una casamentera.

Poco después, arrestaron al hermano de Huda. Se lo consideraba sospechoso por frecuentar la mezquita. La intrigante mujer se contactó con la joven: "Conozco a algunas personas que pueden liberar a tu hermano. Encontrémonos: te llevaré con ellas". Pasó a buscarla en automóvil y la llevó a Bab al Azizia. Evidentemente, la mujer era una asidua visitante del lugar. Huda estaba azorada. "¡Ah! ¿Es la nueva?", preguntó un hombre en una primera oficina. Esas palabras alarmaron a Huda, pero todavía no sabía lo que le esperaba. Entró Ahmed Ramadan: "¡Ah! ¡Esta es la muchacha que tiene un hermano en problemas! ¡Vengan, síganme!". Las arrastró a una gran oficina, a la que entró Muamar el Gadafi. "¡Tu hermano es un traidor! ¡Espero que tú seas una buena revolucionaria y no te vuelvas como él! –Se acercó a ella, le pasó las manos por todo el cuerpo y luego la apretó contra él–. Sin embargo, volveré a considerar el caso de tu hermano, porque te encuentro magnífica". Le besó el cuello, intentó tocarle los senos, sacó su sexo. La joven se desplomó. De pronto, estaba en el piso y la mujer, arrodillada a su lado, le daba golpecitos en la cara: "¡Despierta! ¡No seas ridícula! ¡Él es tu amo! ¡Es tu oportunidad!". Huda intentó ponerse de pie. Gadafi volvió a acercarse y quiso tocarla de nuevo. Ella gritó y se debatió. Entonces la tomó por la ropa y la proyectó con violencia a un rincón de la pieza. Enloquecido, se apoderó de la otra mujer y la penetró rápidamente. Le lanzó a la estudiante una mirada cargada de amenazas: "¡La próxima vez serás tú!".

En el automóvil que la llevó de regreso a su casa, Huda se sintió demasiado impactada como para poder decir una palabra. Pero la mujer le explicó: "El amo tiene todos los derechos sobre nosotros. Te hará el amor, liberará a tu hermano y tú podrás tener una beca para la universidad". La joven no les dijo a sus padres lo que le había ocurrido. Era imposible. Pero cuando su madre la abofeteó, furiosa por su tardanza, le lanzó sin darle mayores detalles: "Me detuvo la policía y me interrogó sobre mi hermano".

Tres días más tarde, la mujer la llamó por teléfono. "No puedo ir a Bab al Azizia contigo, pero un automóvil del protocolo irá a buscarte. Piensa en tu hermano". Huda se encontró, pues, frente a Ahmed Ramadan, quien la interrogó sobre su hermano y tomó notas. Eso la tranquilizó: quizá no fuera todo en vano. Pero aún debía ver a Gadafi. La introdujeron en su oficina.

—¿Crees que se libera con tanta facilidad a un traidor? ¡Estás loca! ¡No es tan sencillo! ¡Sobre todo porque eres una salvaje! Y gritarás si te toco...

—No, no quiero contrariarlo. Pero ¿cuándo podrá salir mi hermano?

—¿No gritarás? ¿Me lo prometes?

Con pocos gestos bruscos, le quitó la ropa, la arrojó sobre un colchón que estaba junto a una biblioteca y la violó. Luego se alejó sin decir una palabra. Nadie fue a verla ni se preocupó por ella. No sabía cómo salir y se quedó toda la noche en esa oficina, aterrada. Ahmed Ramadan la encontró allí al día siguiente y la llevó a un pequeño cuarto del subsuelo. Ella apenas empezaba a dormirse cuando entró Gadafi y una vez más la violó, le pegó, la mordió. Huda sangró abundantemente. Permaneció encerrada dos días sin que nadie le llevara comida ni agua. Al tercer día, Ahmed Ramadan la envió a su casa y le dijo que volvería a comunicarse con ella.

Sus padres se horrorizaron ante el estado de la joven. Habían estado muy preocupados por su ausencia y ahora la veían destruida. Ella no quería hablar, pero, presionada por las preguntas, simplemente murmuró que venía de la comisaría. Y la familia, asustada, pensó que era algo relacionado con su hermano... La cuidaron, la mimaron, insistieron en llevarla al hospital. Un médico la examinó:

–Te violaron.

–Sí, pero le ruego que no les diga nada a mis padres.

–Hay que denunciarlo.

–No, imposible.

–Relación sexual fuera del matrimonio: la ley me obliga a denunciar tu caso a la policía.

–¿Usted quiere morir?

Gadafi nunca la dejó en paz. Durante muchos años, ella debió sufrir sus exigencias, sus locuras, sus violencias, sus fantasías. Se quedó sin proyectos, viviendo recluida por temor a que descubrieran el escándalo. Sus padres terminaron por enterarse de la situación, porque los automóviles del protocolo eran cada vez menos discretos y Gadafi exigía su presencia cuando pronunciaba alguno de sus innumerables discursos. Huda descubrió entonces a las otras mujeres que estaban en su misma situación. Estas se miraban pero no se hablaban. ¿Cómo tocar el tema? ¿A quién se le podía tener confianza? Un día, Gadafi le pidió que fuera a un acto público, y que en un momento dado corriera hacia él y le diera un beso frente a las cámaras. Huda mandó decir que estaba enferma. Él la llamó por teléfono a la noche, la amenazó, le impuso una disponibilidad permanente. La joven estaba deprimida, sin deseos de vivir, se sentía asqueada. Al cabo de varios años, apareció un pretendiente y Huda se enamoró. Gadafi estaba loco de rabia. Pero ella se casó. Y a pesar de las órdenes y de su angustia, se negó a volver a Bab al Azizia. Tuvo suerte. Muchos jóvenes maridos, no elegidos por el amo, no sobrevivieron a su matrimonio con una favorita.

## LA ESPOSA Y LA HIJA DEL GENERAL

Esta vez, fue la hija de un general quien hizo declaraciones al semanario *Libya Al Jadida*. Su jefe de redacción, Mahmud el Misrati me confirmó su testimonio. Gadafi, que siempre preguntaba por la situación familiar de sus subordinados y el aspecto de sus esposas, se enteró un día de que la mujer de uno de los generales de su ejército era de una gran belleza. ¿Dio las órdenes él mismo o fue idea de Mabruka? El hecho es que tres de sus guardias se presentaron una tarde en el domicilio del general para transmitirle a su esposa una invitación a una recepción femenina, organizada esa misma noche por Safia Farkash, la esposa de Gadafi. El general desconfió. No había oído hablar de ese acto y no le gustaba demasiado la idea de que su mujer fuera a Bab al Azizia. Entonces un guardia marcó un número en su teléfono móvil y le tendió el aparato. Mabruka estaba en la línea: "¡El Guía te confiere un honor extraordinario! Es la prueba de que te sabe cercano a él y te considera como un verdadero revolucionario. Será una fiesta muy hermosa únicamente para esposas". Más tranquilo, el general dejó partir a su esposa. Cuando volvió, algunas horas más tarde, se mostraba rara y evasiva. "Algo parecía haberse roto en mi madre", contó su hija. Hubo otras invitaciones, especialmente cuando el general se ausentaba. Después de varios meses, un día la esposa regresó con las llaves de un hermoso apartamento. "Regalo" de la esposa del Guía, dijo, afirmando que se habían hecho muy amigas. La familia se mudó y sus condiciones de vida mejoraron notablemente. Era bueno gozar de los favores de Bab al Azizia. Pero una tarde, se presentaron en la casa Mabruka y otras dos mujeres para transmitir, esta vez, una invitación de Aisha, la hija mayor de Gadafi, para la hija del general. El rostro de su madre se descompuso. Se llevó las manos a la cara: parecía horrorizada. Su hija, en cambio, parecía feliz.

–¿Es para esta noche? ¡Pero con todo gusto! ¡El único problema es que no tengo vestido de noche!

–¡Yo me anticipé! –sonrió Mabruka. Se volvió y mostró una valija–. Aquí tienes todo lo que necesitas para ponerte bella.

La joven se puso el vestido con alegría, se maquilló y siguió a Mabruka sin entender por qué su madre se había despedido de ella con los ojos llenos de lágrimas. El propio general parecía desconcertado. Su desconcierto fue aún mayor cuando su esposa le confesó llorando que las invitaciones de Safia habían sido en realidad llamados del Guía, y que el dinero, los obsequios, el apartamento, eran la recompensa por una relación sexual forzada. El general se puso fuera de sí, gritó y decidió ir de inmediato a Bab al Azizia. Pero se desplomó, víctima de un ataque cerebral y fue llevado al hospital.

Mientras tanto, su hija veía entrar, con sorpresa, a Gadafi al salón donde la habían hecho esperar mucho tiempo.

–¿Dónde está Aisha? –preguntó sonriendo.

—¡Yo soy Aisha! —respondió el Guía fríamente.

No intentó seducirla ni guardar las formas. La violó, le pegó, la humilló todo lo que pudo, y lo hizo varias veces. La joven salió de Bab al Azizia al cabo de una semana para ir a ver a su padre agonizante al hospital. Su fallecimiento facilitó las cosas. Cuando llamaba Mabruka para convocar regularmente a la hija, esta le pedía a su madre que la preparara según el gusto del Guía —"Tú sabes lo que hay que hacer"— y que le recubriera los miembros con henna.

\* \* \* \* \*

Hay infinidad de historias. Es difícil imaginar en Occidente lo que costaron esas confesiones. No tanto en términos de traumas como en términos de riesgos para esas mujeres y sus familias. El caos instalado en Libia —que está llena de armas—, combinado con el yugo de la religión, impide por el momento todo debate sereno sobre este tema. Eso explica que, a pesar de las reglas periodísticas básicas que exigen la identificación de las fuentes, haya aceptado respetar el pedido de la mayoría de las mujeres citadas en este libro de mantener el anonimato.

# 3
## LAS AMAZONAS

Las guardaespaldas femeninas de Gadafi, a las que la prensa internacional llamaba las "amazonas", contribuyeron mucho a su leyenda y a su gloria mediática. Sin duda, se destacaban tanto como la ropa cada vez más excéntrica del coronel, sus gafas de estrella de rock, su hirsuta melena negra y su rostro de cocainómano, con bótox y siempre maquillado. Lo seguían a todas partes, enfundadas en los más diversos uniformes, algunas armadas y otras no. Los cabellos sobre los hombros o dentro de una gorra militar, una boina o un turbante, casi siempre maquilladas, con aros y colgantes que exhibían la efigie del Guía, calzadas con borceguíes, botitas con tacos, excepcionalmente zapatos.

Le servían como estandarte y ornamento, atraían a los fotógrafos y sus sonrisas fascinaban a los jefes de Estado y a los ministros que iban a recibirlo al avión o lo visitaban en Bab al Azizia para tener una reunión en una tienda. El ex ministro francés de Relaciones Exteriores, Roland Dumas, se sintió encantado de que lo escoltaran "bellísimas jóvenes armadas", y las habituales sonrisas pícaras de Silvio Berlusconi expresaban su satisfacción. Pero el mensaje enviado por Gadafi era muy ambiguo.

Sin duda, colaboraba con la imagen de un líder distinto, que circulaba en la escena mundial. Megalómano y provocador, el coronel le otorgaba una importancia considerable a su imagen y a las puestas en escena de sus apariciones y sus discursos. Se creía especial, único, no soportaba competencias ni comparaciones, impedía que surgiera en su país otro nombre fuera del suyo; ningún escritor, músico, deportista, comerciante, economista o político libio habría podido imponerse bajo su reinado: hasta los jugadores de fútbol se identificaban solo por el número de su camiseta. La idea de captar la atención de todo el mundo presentándose como el único jefe de Estado en el mundo con una guardia exclusivamente femenina colmaba esa ambición.

Por otra parte, de este modo también parecía poner en práctica su discurso de gran libertador de mujeres. ¡Cuántos coloquios y arengas trataban sobre ese tema! ¡Cuántas lecciones dirigidas a Occidente y a todo el mundo árabe! Debía saberse que el coronel Gadafi era "el amigo de las mujeres": en todos sus viajes a las regiones del país o al exterior se organizaba un encuentro con asociaciones femeninas para insistir en ese mensaje. Ya había expuesto sus ideas sobre la mujer en el tercer tomo de su famoso *Libro Verde*: igualdad entre los sexos, discriminación injustificable, derecho al trabajo para todo el mundo, con la condición de que se respetara la "feminidad" de la mujer..., pero se radicalizó aún más al crear, en 1979, una Academia Militar de las Mujeres. Dos años más tarde, en ocasión de la presentación de las primeras graduadas, pronunció un discurso ferviente y triunfal. Esa escuela, única en el mundo, era una formidable fuente de orgullo para Libia, proclamó Gadafi. La audacia de las jóvenes libias que se inscribían allí en masa constituía una prueba contundente del cambio de mentalidad. ¡Había que seguir adelante!

El 1º de septiembre de 1981, Gadafi lanzó un increíble llamamiento: "Los hombres y las mujeres de las naciones árabes están
sometidos a una tentativa de sojuzgamiento. Pero en el interior de
la nación árabe, las mujeres han estado dominadas en realidad por
las fuerzas de opresión, el feudalismo y el lucro. Llamamos a una
revolución para la liberación de las mujeres de la nación árabe: esta
es una bomba que sacudirá a toda la región árabe y hará que las
prisioneras de los palacios y de los mercados se rebelen contra sus
carceleros, sus explotadores y sus opresores. Este llamamiento encontrará sin duda ecos profundos y tendrá repercusiones en toda
la nación árabe y en el mundo. Hoy no es un día común y corriente,
sino el comienzo del fin de la era del harén y de las esclavas, y el
comienzo de la liberación de las mujeres en la nación árabe". Las
mujeres armadas aparecían así como el más bello logro de la revolución. Confiarles su seguridad personal era entonces más que
simbólico. Un acto de fe... feminista. Al menos de ese modo se
analizaba en Occidente el interés de Gadafi por tener una guardia
femenina. ¡Qué ironía!

Por último, su escolta de amazonas confirmaba la fama de seductor del coronel y alimentaba muchas fantasías y sospechas.
Estaba presente el cliché del harén oriental –esta vez, en contrapo-
sición a las tesis feministas–, reforzado por la ausencia en la escena
pública de la esposa oficial, Safia Farkash, con la que se había casado en 1971, tras un veloz divorcio, y madre oficial de siete de sus
hijos. Todas esas devotas jóvenes a su servicio, dispuestas a entregarle valientemente sus vidas... Digamos que el mensaje era un
poco confuso.

Pero ¿quiénes eran esas muchachas uniformadas, guardia personal y símbolo de Gadafi? El relato de Soraya constituye una fuerte desmentida a todas las descripciones laudatorias de esa guardia

supuestamente experta en técnicas de combate. ¿Acaso no había sido obligada ella misma a ponerse el uniforme, inmediatamente después de su secuestro? ¿No la habían incluido de oficio en ese presunto cuerpo de élite, ordenándole imitar, en los viajes del Guía, a las demás guardaespaldas, adoptando, como ellas, la expresión preocupada y severa de personas de las que dependía la vida del amo? "¡Qué farsa!", dijo Soraya alzando los ojos al cielo. ¡Qué usurpación de funciones! El espectáculo de un puñado de amazonas, que habían acompañado al coronel en su visita a París en diciembre de 2007, confirmó esas acusaciones de superchería: encaramadas sobre el techo de una embarcación, se tomaron fotos riendo como colegialas y fueron de compras a las tiendas elegantes de la rue du Faubourg Saint-Honoré y a Champs Elysées. No: esas jóvenes no habían sido formadas en la Academia Militar. Sí: eran amantes y objetos sexuales de Gadafi. Sus favoritas o sus esclavas. "Verlas me provocaba repugnancia", me diría más tarde Sayed Gadaf Edam, primo del Guía y militar de alto rango, en su prisión de Misrata.

* * * * *

En Trípoli, la investigación se hizo muy difícil. Ya nadie quería oír hablar de las famosas guardaespaldas. Habían desaparecido junto con Gadafi. Su sola mención provocaba incomodidad y disgusto. Y ante todo en el Ministerio de Defensa libio, donde al entrar, uno no podía evitar pisar una alfombra con la efigie de Gadafi.

—Su existencia afectó gravemente la imagen del ejército libio —me aseguró Osama Juili, el ministro nombrado tras la muerte del dictador, comandante de los rebeldes de la ciudad de Zintan—. ¡Qué vergüenza! ¡Y qué afrenta para los verdaderos militares, los que tenían una noble idea de su profesión y de la defensa de su país! Gadafi las ponía en primera fila para atraer los focos y mejorar su imagen, pero era una farsa. Mientras tanto, destruía a su verdadero ejército. ¡Insoportable! Yo era un joven capitán y llegué a odiar esa institución hasta el punto de renunciar en cuanto me fue posible. ¿Hacia dónde íbamos? ¿Cómo tomar en serio a esas mujeres a las que él arrojaba como señuelo? ¿Quién podía suponer ni por un segundo que realmente les confiaba su protección personal? ¡Vamos! Ellas solo estaban allí para ofrecer un espectáculo, para entretener al público y, cómo decirlo, para amenizar su tiempo libre. Era repugnante.

La misma reacción tuvo Ramadan Alí Zarmouh, presidente del consejo militar de Misrata, la tercera ciudad del país y seguramente una de las más afectadas por la guerra. Él también pidió tempranamente la baja en el ejército de Gadafi a pesar de su grado de coronel. Y también denunció "la farsa" y "el patético teatro" no solo de las guardaespaldas sino de todas las mujeres soldado.

–¡Eran pobres muchachas, se lo aseguro! Llegaban a nuestras filas, enfervorizadas por los discursos de ese crápula que las manipulaba para levantar una cortina de humo ante el mundo y satisfacer sus deseos personales. Estaban mal formadas, mal entrenadas, y muchas veces carecían de la autorización de sus padres. ¿Cómo hubieran podido aceptar conscientemente que sus hijas fueran arrojadas así a ese universo de hombres? ¡Nada menos que en Libia! ¡Indignante! Nosotros las considerábamos víctimas, mientras que él se pavoneaba, rodeado de amantes y de marionetas incapaces de defenderlo, detrás de las cuales había que poner forzosamente hombres.

Estas opiniones tajantes eran compartidas por todos los militares y todos los rebeldes a los que pude interrogar. ¿Machismo? Un poco, sin duda, ya que la integración de las mujeres al ejército nunca fue aceptada por la jerarquía militar ni por la sociedad tradicional libia. Hay que decir que el coronel Gadafi había quemado etapas en un país en el cual las mujeres eran ante todo esposas y madres, y solían estar limitadas al hogar. A partir de 1975, impuso el concepto de "pueblo en armas" y sostuvo la idea de que las armas ya no debían ser el monopolio de un ejército clásico, destinado a desaparecer, sino que debían estar en manos de todos los ciudadanos y ciudadanas, a los que había que formar con urgencia. En 1978, promulgó una ley que imponía el entrenamiento militar para todos, y especialmente en los liceos, para los varones y las niñas. Una pequeña revolución, ya que las muchachas, ante el asombro de sus padres, debían usar trajes de fajina y recibir enseñanzas de profesores masculinos. "Un uniforme de combate usado por una mujer vale más que un vestido de seda usado por una burguesa ignorante, tonta, superficial e inconsciente de los desafíos que la enfrentan a ella y, en consecuencia, enfrentan también a sus hijos", declaró un día Gadafi. En 1979, creó la Academia Militar de las Mujeres y envió a las escuelas de niñas hordas de reclutadores particularmente apremiantes. Había que avanzar rápido. Las mujeres liberadas y armadas serían su mejor propaganda. Tres meses de formación para las mujeres soldado, reclutadas después del tercer año del secundario; dos años para las mujeres oficiales, seleccionadas al terminar el secundario. Por último, en 1981, lanzó la idea de un movimiento de "monjas revolucionarias", abierto a todas las mujeres, civiles y militares: "la élite de las élites".

Para ser aceptada en ese movimiento, la mujer tenía que estar dispuesta a renunciar al matrimonio y dedicar su vida, toda su vida, a defender exclusivamente los objetivos de la revolución, es decir, consagrarse al Guía. La mayor fantasía de ese hombre. En un discurso pronunciado el 13 de febrero de 1981 frente a pioneras de movimientos revolucionarios femeninos, Muamar el Gadafi se refirió a las monjas cristianas "que se visten de blanco, símbolo de la pureza y se consagran por entero al ideal de Cristo", y preguntó en tono provocador:

–¿Por qué las cristianas se hacen monjas y ustedes se quedan sentadas como espectadoras? ¿Acaso las monjas cristianas son más grandes que la nación árabe? –Y concluyó–: Con su abnegación, la monja revolucionaria es sagrada y pura, y se ubica por encima de los individuos comunes para estar más cerca de los ángeles.

No pude encontrar a ninguna monja revolucionaria. En la época de Gadafi, ya estaban mimetizadas en la sociedad, y nadie pudo calcular cuántas eran. No hace falta aclarar que hoy nadie reivindica ese título. Pero entrevisté a dos mujeres coroneles que habían respondido muy jóvenes al llamado del Guía y se habían alistado en el ejército con pasión. Una de ellas, rápidamente decepcionada, dijo que había deseado la destitución de Gadafi y que desde su muerte, había recuperado el interés por su profesión. La otra, hoy en prisión esperando ser juzgada por asesinatos durante la guerra civil, oscilaba entre la nostalgia y la cólera.

* * * * *

Necesité varios días para convencer a la coronel Fátima de hablar. En principio, parecía no tener nada que reprocharse. Era militar, había creído en el mensaje del Guía y formaba parte de la masa de chivos emisarios de la historia. A pesar de la propaganda, los libios nunca habían sentido simpatía por las mujeres soldado. Y desde la revolución de 2011, expresaban abiertamente su repulsión por ellas. De modo que las cosas no eran fáciles para las desdichadas sobrevivientes de la era Gadafi. No experimentaban el menor deseo de hacerse visibles. Y sin embargo, Fátima rechazaba la idea de que las mujeres fueran expulsadas para siempre del ejército y se aprovecharan las violencias y los engaños del Guía para descalificarlo. Era al mismo tiempo injusto e insultante.

Imponente, de unos cincuenta años, envuelta en un gran abrigo rojo y con un velo negro que enmarcaba su rostro mofletudo, Fátima vino a verme una tarde a mi habitación de hotel de Trípoli, un poco tensa. El lugar le pareció discreto y neutro. Después del tiempo de la propaganda, dijo, había llegado sin duda el tiempo de decir la verdad.

–Los reclutadores que llegaron a mi liceo a fines de la década del setenta me subyugaron: la idea que presentaron sobre el reclutamiento militar era tan atractiva que sentí que mi único futuro pasaba por el ejército. Nada podía ser más exaltante que defender al país, hombres y mujeres unidos y en igualdad de condiciones. ¡Qué idea conmovedora… y revolucionaria! Sobre todo porque nos daban el ejemplo de la revolución argelina, en la que mujeres jóvenes como Yamila Buhired habían asumido los peores riesgos, como oficiales de contacto, colocadoras de bombas y combatientes, para liberar a su pueblo. Eran heroínas magníficas. Las mujeres se ponían de pie. Yo soñaba con esa clase de compromiso.

Hacía ya un tiempo que la formación militar había adquirido una considerable importancia en la escuela. Ejercicios físicos, manejo de armas, conferencias, exámenes… Fátima se entregaba por completo, convencida de formar parte así del "pueblo armado" propiciado por Gadafi. Sus padres, en cambio, estaban escandalizados por el hecho de que hicieran vestir a las estudiantes del liceo con uniformes masculinos. Era algo indecoroso.

–La sociedad libia no estaba lista –dijo Fátima–. Pero a nosotras, las jóvenes, nos sedujeron. Y además, como el servicio militar era nuevamente obligatorio, y todos los ciudadanos libios debían dedicar varias semanas por año al entrenamiento, todos teníamos que adherir al proyecto. Cada libio tenía su carnet de reservista.

En realidad, era habitual que los más ricos vendieran sus carnets para eludir el servicio, pero ella no lo sabía en aquel momento.

Fátima entró en 1980 a la Academia Militar de Trípoli, que estaba en su segundo año de funcionamiento. Allí encontró muchachas provenientes de Egipto, Líbano, Argelia, Sudán. Los instructores eran todavía mayormente hombres, y los cursos, muy exigentes: morse, cartografía, secretariado, táctica militar, manejo de armas, maniobras, incluso de noche y con tormenta.

–¡Pero valía la pena! Éramos la atracción del mundo entero. Llegaban equipos de televisión de todas partes. Nos sentíamos importantes. Nosotras éramos el futuro. ¡Éramos modernas!

Evidentemente, cada discurso de Gadafi entusiasmaba más a las mujeres. Él era su campeón, y ellas no dudaban de su voluntad de cambiar la vida de las mujeres libias y de elevar a algunas de ellas al grado de general.

Finalmente, se realizó la ceremonia de entrega de diplomas, y el desfile al paso, mil veces repetido.

–Aquel día, yo estaba demasiado cansada para escuchar hasta el final el discurso del Guía. –Menos de un mes después, Fátima ya se sentía defraudada–. Nos habían engañado. Las promesas no eran más que mentiras. Gadafi despreciaba a su propio ejército y evidentemente no esperaba nada de las mujeres. Solo usaba su imagen para construir su mito… y un vivero de amantes.

Fátima fue nombrada oficial en la escuela adyacente a Bab al Azizia. Era la responsable del entrenamiento militar cotidiano, pero "las muchachas de la pandilla de Gadafi" se encargaban de eso con

arrogancia: "Yo tenía un uniforme y un título desprovistos de poder". Luego fue transferida a los locales del estado mayor del
ejército. Un chofer la pasaba a buscar todas las mañanas, pero no
cumplía ninguna función y su salario era mínimo.

–Entonces, poco a poco, se instaló la amargura entre las jóvenes de mi promoción. Nuestros estudios habían sido una estafa, el
amor a la nación había muerto. ¡Todas pensábamos que nuestra
vida era un fracaso! Abandoné el uniforme, olvidé mi número de
matrícula, perdí agilidad, dejé de lado todo lo que había aprendido
en la escuela. ¡Ni siquiera podría desmontar una kaláshnikov!

Por supuesto, si la hubieran elegido para ser guardaespaldas
habría tenido algunas ventajas, sobre todo en cuanto a viajes y
salario. Pero para eso debería haber sido alta, hermosa, llevar el
cabello largo… y ser notada por el primer círculo de Gadafi o por
el propio Guía, como fue el caso de Salma Milad, tan presente en la
historia de Soraya, que fue elegida durante una visita a su ciudad
de Zliten.

–Las guardaespaldas de Gadafi no constituían un verdadero
cuerpo. No eran más que un conjunto heterogéneo de muchachas
provenientes de las fuerzas especiales, de las guardias revolucionarias, de la escuela de policía, de la Academia Militar, de las monjas
revolucionarias y… de las amantes del momento. Gadafi las usaba
a su voluntad y ninguna tenía la menor posibilidad de resistirse, y
mucho menos de quejarse. Las más hábiles supieron sacar partido
de eso: recibieron automóviles y casas. ¡Pero, por favor, olvide la
imagen de un cuerpo de élite! Era cualquier cosa. Una simple decoración en la que Gadafi incluía a algunas mujeres negras para mostrar que no era racista. Los verdaderos guardaespaldas a los que les
confiaba su seguridad personal no aparecían en las imágenes. Eran
hombres de Sirte, su ciudad natal.

Fátima aseguró que había observado con gran interés el desarrollo de la insurrección contra Gadafi, a principios de 2011. Se unió a ella en forma oficial el 20 de marzo, poniendo su kaláshnikov "a disposición de los rebeldes". Pero permaneció en el interior del sistema, filtrando hacia afuera la mayor cantidad de información y colocando volantes en las oficinas del ejército. "No podía desertar: de haberlo hecho, mis padres y yo estaríamos hoy en una fosa común". Ahora formaba parte del cuerpo militar dirigido por Abdelhakim Belhadj, el comandante del consejo militar de Trípoli, y decía haber recuperado el entusiasmo y la fe en su profesión. Pero sabía que necesitaría tiempo para que se repararan los daños y se volviera a confiar en las mujeres uniformadas.

* * * * *

En la prisión de Zauia, una pequeña ciudad costera situada a unos cincuenta kilómetros de Trípoli, encontré a otra coronel. Al principio se negó a darme su nombre, pero al final de la entrevista, en forma muy inesperada, me lo reveló como una muestra de confianza. Un regalo. "Bueno, me llamo Aisha Abdusalam Milad. ¡Adiós!". La celda, en el fondo de un pequeño patio, estaba pintada de amarillo y tenía una puerta de hierro con un grueso cerrojo y una ventana clausurada. Había dos lugares para dormir: un colchón en el piso y una cama metálica en mal estado. Sobre una pared lateral, colgaba de un cable una lámpara débil. En un rincón, se veía un pequeño radiador eléctrico. Un hervidor nos proporcionó rápidamente agua caliente para preparar un té. Al principio, la presencia de dos personas en esa pieza minúscula me sorprendió, y pensé que se trataba de dos prisioneras. Pero la mujer que estaba en peores condiciones, acurrucada en la cama, con los ojos hundidos en las órbitas y la expresión fatigada, me explicó que ella era la guardiana, y que después de haber dormido cinco años en su auto –"¡Nadie quería alquilarle una habitación a una mujer sola y pobre!"–, prefirió compartir la celda de su prisionera.

Esta última, en cambio, parecía estar muy en forma. Alta y delgada, el cabello recogido bajo un turbante, tenía un rostro fino, un lunar en la mejilla izquierda, y llevaba con elegancia un suéter rayado debajo de un conjunto de terciopelo negro. Sentada sobre su colchón con las piernas en cruz, aceptó relatar su historia, pero quería dejar las cosas claras desde el comienzo: ella era militar de profesión –"¡y de vocación!"– pero nunca había pertenecido a la "camarilla" de Gadafi, ni a su cuerpo de guardaespaldas. Una vez aclarado el punto, habló de la pasión que había experimentado desde muy joven por el ejército, del encuentro decisivo con los reclutadores que visitaron su escuela de Sabha, una ciudad del desierto sahariano, feudo de la tribu beduina Gadafa, y de su ingreso a la Academia Militar de las Mujeres a fines de diciembre de 1983. Como la mayoría de las alumnas, provenía de una familia numerosa (nueve hijos), de modestos recursos pero muy reticente a la idea de tener una hija uniformada.

–Todas tuvimos que forzar las puertas. Pero ¡qué felicidad! La mitad del pueblo armado debía estar compuesto por mujeres, pues de lo contrario el concepto no tenía sentido. ¡Al fin y al cabo, Gadafi les tenía confianza a las muchachas y las sacaba de la casa!

En forma paralela, se diplomó de enfermera, y al salir de la Academia, en 1985, fue afectada a su sur natal para formar a otras jóvenes. Fue rápidamente ascendida. Al volver veinte años más tarde a Trípoli, integró la dirección de las guardias revolucionarias, una estructura destinada a la protección del Guía, y debió encargarse de seleccionar a sus guardaespaldas.

–¡Era una gran responsabilidad! Ellas debían mostrarle al mundo entero que la mujer libia estaba armada y que se la respetaba. ¡Desempeñaban el papel de embajadoras! ¡Yo no podía equivocarme!

Entonces las elegía "espectaculares". ¿Qué significa eso? "Debían tener carisma". ¿Lindas? "Eso no era primordial. Quería que tuvieran presencia, que se impusieran. Y prefería que fueran altas. Si no, las obligaba a usar tacos altos". Todas las muchachas ansiaban ser elegidas y le suplicaban a Aisha que les permitiera salir a escena. "Eso podía cambiar toda su vida, sobre todo si no eran militares profesionales. Acompañaban al Guía en un viaje y recibían sobres de dinero. Entonces, créame si le digo que una vez que estaban allí, se desvivían por estar a la altura. Maquillaje, ropa impecable... Sabían perfectamente que todas las cámaras las enfocaban".

Aisha no quería hablar del comportamiento de Gadafi con sus jóvenes guardaespaldas. *Top secret*. Ella hacía su trabajo proponiendo a las muchachas. Lo que les ocurría después no era asunto suyo. Insistí. ¿No era de conocimiento público que Gadafi las convertía rápidamente en sus amantes? Pero Aisha se mantuvo en silencio, con expresión súbitamente cerrada. También se negó a hablar del personaje de Mabruka, la única que no llevaba uniforme, pero que, como todos sabían, tenía una importancia fundamental en la organización del entorno femenino. "No quiero que se me identifique con eso. Mi salario miserable –832 dinares por mes: alrededor de 500 euros– demuestra que no tenía nada que ver con la camarilla, ni con los negocios de las guardaespaldas". Con un gesto extraño, se quitó de pronto un pequeño aro que le perforaba la oreja y me lo tendió:

–¿Ve? ¡Ni siquiera es de oro! Muchas guardaespaldas han hecho fortuna. ¡Yo no tengo nada!

Ni siquiera la libertad.

Le quedaba el honor, dijo. El orgullo de haber llevado en alto los colores de la combatiente libia. Reivindicaba su constante lealtad a su jefe y a su ejército durante la última guerra. Había obedecido a conciencia las órdenes y combatió la insurrección. "Profesional", como siempre lo sostuvo. Ni la sombra de un arrepentimiento. El jefe de la prisión, un rebelde que me insistió para que visitara más tarde el siniestro mausoleo de Zauia dedicado a los mártires de la revolución, sostenía un punto de vista muy diferente. La acusaba de haber torturado y matado ella misma a algunos prisioneros. La mayoría de las mujeres soldado habían sido liberadas: en cambio ella, Aisha, capturada el 21 de agosto, aún esperaría mucho tiempo para ser juzgada.

–La situación de las mujeres militares bajo el régimen de Gadafi era triste y patética –me dijo la viceministra de Asuntos Sociales, Najwa al Azrak, encargada de ese tema–. La Academia Militar era para el Guía una artimaña que le permitía tener acceso a las mujeres. Luego, cuando ya dispuso de otros medios para conseguirlas, perdió interés en la escuela y esta declinó.

Sin embargo, durante la guerra civil, el acorralado régimen movilizó una gran cantidad de mujeres soldado, hasta ese momento olvidadas y encerradas dentro de los cuarteles. Algunas fueron enviadas a combatir junto con los mercenarios, entre los cuales también había mujeres. Otras, durante el sitio de Trípoli, fueron distribuidas en los puestos de control de la ciudad para identificar personas y vehículos, o colocadas en la humillante situación de ordenar con un silbato en los labios las largas filas de espera para cargar nafta. Marionetas de Gadafi. Símbolos de su régimen. Odiadas por la población y por los rebeldes. Algunas desertaron y, atrapadas o denunciadas, pagaron con una violación o con su vida su defensa de la revolución. Otras fueron llevadas en grupos a lugares próximos a los frentes de batalla para "satisfacer los deseos" de los escuadrones masculinos.

Es posible que nunca llegue a conocerse el destino de la mayoría de las guardaespaldas de Gadafi. Algunos cuerpos hallados entre los escombros de Bab al Azizia parecen indicar que muchas de ellas fueron liquidadas en agosto, en las últimas horas del régimen. En el momento de la debacle y de la huida desesperada de Gadafi, se habían vuelto inútiles.

# 4
## EL DEPREDADOR

El doctor Faisel Krekshi nunca pudo haber imaginado lo que descubrió, a fines de agosto de 2011, cuando tomó el control de la Universidad de Trípoli junto con un puñado de rebeldes. Formado en Italia y luego en el Royal College de Londres, este profesor y ginecólogo de cincuenta y cinco años, tranquilo y reservado, conocía, sin embargo, la corrupción del sistema universitario, las redes de vigilancia y delación implementadas por los Comités Revolucionarios, la enorme herramienta de propaganda constituida por las diferentes facultades. Sabía que permanecía vivo en la población el recuerdo de los ahorcamientos públicos de estudiantes de 1977 y 1984, y sabía que era imposible seguir una carrera universitaria sin dar muestras de una absoluta lealtad al régimen. Por eso, no se sorprendió al encontrar, tras una noche de batalla intensa en el campus, una prisión improvisada en contenedores marítimos, una oficina para el temido jefe de los servicios de inteligencia Abdallah Senussi y cajones repletos de información sobre decenas de estudiantes y profesores, con una lista de personas a ejecutar. Pero lo que descubrió por casualidad mientras exploraba los rincones de la universidad en busca de eventuales francotiradores y tras forzar las puertas de un apartamento secreto situado debajo del "auditorio verde" en el que Muamar el Gadafi solía realizar conferencias, superó sus peores sospechas.

Un vestíbulo daba acceso a una amplia sala de recepción llena de sillones de cuero marrón. Luego, un corredor llevaba a un dormitorio sin ventanas, recubierto de madera. Allí había una gran cama de dos plazas, cubierta con un acolchado, enmarcada por dos pequeñas mesas de luz en las que se veían lámparas que irradiaban una luminosidad naranja tamizada, y alfombras baratas floreadas. Al lado, un gran cuarto de baño con una ducha, un inodoro, un bidet y un *jacuzzi* con grifería dorada. Era extraño ver eso que parecía un apartamento de soltero en un edificio dedicado al estudio y a la enseñanza del *Libro Verde*. Pero fue la siguiente habitación lo que más impactó a los visitantes, y me dejó helada cuando yo misma fui a ver el lugar más tarde. Enfrente del cuarto, una puerta se abría sobre una especie de consultorio ginecológico perfectamente equipado. Una camilla con estribos, un proyector, un equipo de radiografía, instrumental, manuales de modo de empleo en inglés envueltos en plástico... El doctor Krekshi, aun en su actitud prudente, no podía ocultar su repugnancia.

–¿Cómo no sentirse impactado y conmocionado? –me dijo este famoso especialista, nombrado rector de la universidad después de la revolución–. Nada, absolutamente nada, podía justificar la presencia de esas instalaciones. En el caso de que hubiera alguna urgencia en la universidad, el centro de obstetricia y ginecología del hospital estaba a menos de cien metros. Entonces ¿por qué? ¿Qué prácticas ilegales y perversas se ocultaban allí de la vista del público? Se me ocurrieron dos posibilidades: interrupciones de embarazos y reconstrucciones de himen. Ambas cosas estaban prohibidas en Libia. Y sin pronunciar la palabra "violación", me veo obligado a suponer una conducta sexual no muy sana.

Hablaba con voz grave, midiendo cada palabra, y consciente de la monstruosidad de su descubrimiento. Me dijo que había sido ginecólogo oficial de las dos hijas de Gadafi, Aisha y Hanaa.

—Eso me coloca en una situación extraña —reconoció con una sonrisa triste—. La familia Gadafi me respetaba como profesional. A veces, las muchachas me decían que a su padre le sorprendía mi actitud. "¿No quiere un auto? ¿Una casa?". No, yo no quería nada. ¡De ninguna manera!

Conocía la afición de Muamar el Gadafi por las muchachas jóvenes. Había oído hablar del "toque mágico", esa mano que solía posar sobre la cabeza de sus víctimas para señalárselas a sus guardaespaldas. Y él, que enseñaba planificación familiar y todos los años dedicaba un curso al concepto de tabú, reconocía que las costumbres sexuales de Gadafi sacaban provecho del mayor de los tabúes. Nadie se atrevía a mencionar el tema, a alertar a las estudiantes, a organizar un cordón de seguridad. Todos preferían no saber. En cuanto a las víctimas del depredador, no podían hacer otra cosa que callarse y abandonar discretamente la universidad. Por lo tanto, era imposible calcular la cantidad de esas jóvenes: las invitadas a Bab al Azizia y las que eran llevadas a la suite camuflada debajo del anfiteatro. El doctor Krekshi me dijo que el día de su macabro descubrimiento, encontró en el apartamento "ocho o nueve" DVD con filmaciones de agresiones sexuales perpetradas por Gadafi en ese lugar. Pero confesó haberlos destruido. Quedé pasmada. ¿Los destruyó? ¿No eran pruebas que era imprescindible conservar?

—Ubíquese en el contexto. Aún estábamos en guerra. Yo no podía garantizar que esas filmaciones no cayeran en manos irresponsables o nefastas. Que no las usaran para presionar o chantajear a las jóvenes. Mi primera preocupación fue protegerlas.

Extraña reacción. Pesada responsabilidad. ¿No le habría correspondido más bien a la justicia tomar esa decisión?

La revelación de la existencia de un apartamento secreto de Gadafi provocó un escándalo en el campus. Pero no por eso la gente se decidió a hablar. Vilipendiaban al dictador, pisoteaban alegremente sus afiches, usados como felpudos frente a las aulas, para proclamar su repulsa. Sin embargo, las estudiantes con velos seguían su camino cuando yo quería saber más, y un joven a quien le había encargado sondear a algunas muchachas, pronto me envió un texto: "Abandono. Es tabú". ¡Pero debían existir testigos, personas que hubieran notado gente sospechosa o hubieran oído hablar a las jóvenes acosadas! ¿No había nadie que denunciara el sistema? El joven jefe de redacción del semanario *Libya Al Jadida* parecía ser el único decidido a romper el silencio.

–Una amiga mía, perteneciente a una familia de origen campesino de la región de Azizia, vino a estudiar medicina a Trípoli –me contó–. En una de sus visitas a la Universidad, Gadafi le puso la mano sobre la cabeza y sus guardaespaldas fueron al día siguiente a su casa a decirle que el Guía la había elegido para ser guardia revolucionaria. La familia se negó, y entonces amenazaron a su hermano. La joven aceptó encontrarse con Gadafi. Fue secuestrada durante una semana, violada y liberada con un paquete de dinero. Sus padres se sintieron demasiado humillados como para volver a aceptarla. Tampoco podía regresar a la Universidad. Estaba perdida. En la actualidad, su trabajo legal es el negocio automotor. Pero sé que, en realidad, vive del comercio de su cuerpo.

De tez clara, cabello largo y ondulado hasta los hombros y la voz fuerte, Nisreen no se sorprendía. Educada en Libia, en el seno de una familia burguesa, ya que uno de sus progenitores era europeo, sabía que le sería imposible sobrevivir en el ambiente opresivo e hipócrita del régimen de Gadafi y que para desarrollarse debía estudiar en el exterior.

–Aunque todos conocían la vida licenciosa de los hijos del Guía y de su banda, estábamos lejos de imaginar que llegaran a las violaciones –me dijo una noche–. Pero todas las jóvenes se enfrentaban, en algún momento, con la corrupción sexual. Mujeres enviadas por Bab al Azizia recorrían los campus, se acercaban a las muchachas que se retocaban el maquillaje tranquilamente, intervenían en las conversaciones y pronto les hacían proposiciones, incluso financieras.

Y no se trataba solo de la sombra de Bab al Azizia. Toda la universidad estaba sumida en el chantaje sexual.

–¿Cuántas muchachas fracasaron en sus exámenes por haber rechazado los avances de su profesor? ¿Cuántas, asombradas por haber obtenido alguna nota injustamente baja, recibían propuestas de tomar clases muy particulares? Oí hablar de chicas que se ofrecieron al profesor de su novio para que este obtuviera su diploma, indispensable para poder casarse. He visto que algunos muchachos les pedían ese favor a sus novias y luego, a veces, las abandonaban. El sexo era moneda de cambio, medio de promoción, instrumento de poder. Las costumbres de Gadafi eran contagiosas. Su mafia operaba de la misma manera. El sistema estaba corrompido hasta la médula.

Esto fue confirmado por el doctor Krekshi, horrorizado por la organización que sacó a la luz cuando tomó las riendas de la universidad. Un sistema perfectamente aceitado, con ramificaciones y espías en todas las facultades y administraciones, y coordinado por la secretaría de la institución, vinculada a Bab al Azizia. ¿El objetivo? La selección de las estudiantes más bonitas, para hacerlas caer, bajo cualquier pretexto, en las redes de Gadafi... y luego de su camarilla. Buenas notas, diplomas, responsabilidades prestigiosas, becas de estudios. Todo estaba a su alcance, siempre que fueran conciliadoras y dóciles. Los obsequios podían ir más allá del marco escolar: teléfonos móviles, automóviles, alhajas... Las más deseadas, que en general, no eran las más pobres, podían conseguir cosas más importantes.

"Es la ley del silencio y nadie, nunca, dará testimonio de una violación", me aseguró el médico. Sin embargo, me relató varias historias para ilustrar las prácticas en vigor. Por ejemplo, la de una estudiante que, tras haberse inscripto en la facultad de Medicina, terminó registrada como paramédica.

–Era incomprensible, dadas sus notas excelentes. Le pidió explicaciones al secretario general de la universidad, quien le prometió corregir el error, con la condición de que fuera a Regatta, el centro de vacaciones situado a orillas del mar, donde los dignatarios del régimen, y particularmente sus hijos, se entregaban a una vida de desenfreno. Todo Trípoli lo sabía. Era una zona en la que no regía la ley, o mejor dicho, regía la ley del más fuerte. La joven se negó, y durante dos años obtuvo cero en todos sus exámenes. ¿Se imagina usted esa presión? Finalmente, yo mismo debí escribir una carta para reincorporarla a la carrera de medicina. Le entregué al nuevo poder de nuestro país otros cinco testimonios de muchachas valientes que, demuestran la abyecta corrupción del sistema.

* * * * *

El apartamento oculto debajo del "auditorio verde" guardará para siempre sus secretos. Y al parecer, hay otros lugares que fueron frecuentados por Gadafi, o alcobas especialmente dispuestas para él.

Necesitaba cada vez más *partenaires* sexuales, hombres y mujeres. Las vírgenes eran sus preferidas. Exigía al menos cuatro por día, me aseguró Jadiya, la estudiante violada que permaneció varios años en Bab al Azizia, obligada a tenderles trampas a otros hombres del régimen. Cuatro, confirmó en la prensa británica Faisal, un apuesto joven que también fue descubierto en la universidad por el dictador y obligado a interrumpir sus estudios de derecho para ingresar de inmediato a su servicio particular. "Ellas entraban a su habitación, él hacía lo suyo y salía, como si simplemente se hubiera sonado la nariz". El joven, que hoy tiene treinta años, insistió en la violencia de Gadafi, gran consumidor de Viagra, y señaló que muchas mujeres "iban directamente de su cuarto al hospital", con heridas internas. Eso había dicho también Soraya. Y me lo confirmaron diversos interlocutores. Gadafi era no solo insaciable, sino también sádico y de una extrema brutalidad.

Las escuelas y las universidades constituían, pues, para él, viveros naturales, permanentemente renovados. Por otra parte, fue en la Universidad de Bengasi donde el coronel descubrió a Huda Ben Amer, la madre de Hanaa, su hija "adoptiva". Era oriunda de Bengasi y había logrado notoriedad nacional cuando, durante la ejecución pública de un joven opositor pacifista, salió, muy excitada, de las filas de los espectadores para tirar hacia abajo con todas sus fuerzas de las piernas del joven colgado de la horca y acelerar su muerte. Esa crueldad le valió el apodo de "Huda, la verdugo", ya que la escena fue transmitida por la televisión nacional. Pero Gadafi la había descubierto mucho antes. En 1976, mientras clamaba su adhesión al régimen, Huda se había opuesto a las manifestaciones estudiantiles de abril, apoyando la represión, denunciando y persiguiendo a los opositores y realizando campañas de "purificación", a la cabeza de los Comités Revolucionarios.

–Nunca se ha visto una muchacha con tanta agresividad, tanta ambición y tanta audacia –recordó uno de sus compañeros de estudios–. Se quedaba hasta muy tarde en las reuniones, hablaba con virulencia y repetía el mensaje de Gadafi que amenazaba a los disidentes con nuevas ejecuciones.

Después de los ahorcamientos de 1977, apoyada por el coronel y hablando en su nombre, Huda acrecentó su poder: prácticamente tenía el control de su universidad y hacía echar a los profesores y a los estudiantes que le parecían demasiado alejados de la ortodoxia del régimen. Luego desapareció un tiempo de Bengasi, se fue a vivir cerca del Guía e integró su guardia personal. Finalmente volvió, más influyente que nunca y muy cercanamente ligada a Gadafi, que decidió buscarle un marido, y hasta fue su testigo de bodas, y nombrarla en importantes cargos: alcaldesa de Bengasi, presidente del Parlamento Árabe, presidente del Tribunal de Cuentas, ministra... Convertida en una de las mujeres más ricas de Libia, odiada por la población y hoy presa en Trípoli –su casa de Bengasi fue incendiada por los rebeldes en las primeras horas de la insurrección–, les dijo a sus carceleros que la habían obligado a abandonar a su pequeña hija, nacida, según la fotocopia de un pasaporte emitido en 2007 que tuve en mis manos, el 11 de noviembre de 1985, de su unión con Gadafi, y a la que Safia fue a buscar al orfanato de Trípoli para adoptarla.

Todos los lugares frecuentados por mujeres podían ser fuentes de aprovisionamiento para el Guía, incluso las prisiones, donde iban a veces sus guardaespaldas a tomar fotos de las detenidas más bellas. Las peluquerías y los salones de belleza eran un coto privilegiado, y las "cazadoras" solían visitarlos. Las fiestas de casamiento eran otro coto de caza. A Gadafi le encantaba asistir a esas bodas, para las que las mujeres se vestían con sus mejores galas. Si no podía ir personalmente, enviaba a sus emisarios, y luego pasaba mucho tiempo mirando fotos y videos tomados en esa ocasión. Me lo confirmó un fotógrafo del centro de Trípoli, que solía buscar mil pretextos para no entregar en Bab al Azizia las copias de las fotos de bodas que le pedían. Algunas muchachas me dijeron que a veces renunciaban a asistir a esas fiestas organizadas en grandes hoteles de Trípoli por temor a ser filmadas y luego elegidas por el Guía o su camarilla. Muchos padres vivían con esa angustia y les prohibían a sus hijas, ya bastante privadas de vida social, que se quedaran mucho tiempo en fiestas y desfiles, sobre todo si tenían lugar dentro del perímetro de Bab al Azizia. Porque la residencia del Guía, aunque estaba protegida como una verdadera fortaleza, recibía permanentemente a grupos de escolares y jóvenes militantes. Una verdadera ganga para el amo del lugar.

Gadafi llegaba a pedirles a sus empleados, choferes, guardias y soldados, que le hicieran llegar las fotos y las filmaciones de sus propias bodas. Al principio, algunos de ellos se sintieron halagados por el interés del Guía. Pero pronto comprendieron la verdad. Si le gustaba alguna invitada, una hermana o una prima, ellos mismos debían provocar un encuentro. Y pasaba lo que tenía que pasar. Pero cuando era la joven novia la que llamaba la atención del amo, se enteraban cuando ya era demasiado tarde. El coronel se las ingeniaba para alejarlos del hogar, con el pretexto de alguna misión, y aprovechaba para convocar a su esposa o visitarla en su casa. Una visita nada cortés: si la mujer se resistía, era violada. Me han contado historias terribles de esos guardias que, enloquecidos de ira, despecho y celos tras la confesión de sus jóvenes esposas, quisieron vengarse de Gadafi, quien mandó matarlos. Algunos fueron ahorcados; otros, despedazados. A dos de ellos les ataron los miembros a dos automóviles que partían en direcciones opuestas. La escena

fue filmada y mostrada a los guardias recientemente contrata-
dos para que supieran cómo se pagaba una traición al amo de
Bab al Azizia.

Enfermeras, maestras, puericultoras, también fueron víctimas.
La directora de una guardería de Trípoli me contó que una de sus
bonitas empleadas recibió un día la visita de tres amazonas que la
invitaron a integrar una delegación de mujeres jóvenes que recibi-
rían en el aeropuerto, con flores, a una delegación de Sudáfrica.
"¡Pónganse bellas!". Algunos días después, pasaron a buscarlas en
un minibús que, súbitamente, salió de la ruta al aeropuerto y se
desvió hacia Bab al Azizia. Una sorpresa que le encantó al grupo, ya
que el Guía las recibió de inmediato, e improvisó un breve discurso.
Pero luego, mientras todo el mundo volvía al bus, la puericultora
fue acorralada en una pequeña habitación dotada de un *jacuzzi*,
donde dos enfermeras le tomaron rápidamente una muestra de
sangre. Entonces volvió a aparecer Gadafi: ya no sonreía. Sus intenciones eran muy claras. La joven entró en pánico: "Por favor, no me
toque. Soy de la montaña. ¡Y tengo novio!". El Guía le respondió:
"Puedes elegir: o te mato, o dejo que te cases, te regalo una casa y
nos perteneces a ambos".

\* \* \* \* \*

Un colaborador directo de Gadafi, que trabajaba todos los días a
su lado pero no tenía ningún poder de decisión, terminó por
aceptar, aunque con gran reticencia, abordar este tema conmigo.
Al principio negó saber algo de lo que llamó "la vida privada del
hermano Guía" y dijo que siempre se había negado a entro-
meterse. "No estaba con él por las noches y le juro que nunca
puse los pies en el subsuelo de su residencia": una buena manera

de señalar que ese era el lugar del peligro. Pero poco a poco empezó a tenerme confianza, gracias a mi promesa de no revelar su nombre, y finalmente habló del servicio de "proxenetas" encargado de "responder a las necesidades sexuales" del dictador, a los que llamó "cortesanos miserables y apáticos que se arrastraban ante él y se desvivían por adelantarse a sus deseos". Y sintetizó la situación. Podía describirse a Muamar el Gadafi, me dijo, como un obseso sexual que "solo pensaba en eso", y esa adicción "enfermiza" hacía que analizara todo a través del prisma del sexo. "Gobernaba, humillaba, esclavizaba y castigaba por medio del sexo". Pero tenía dos clases de víctimas. La visitante ocasional, preferentemente joven, proveniente de las clases populares, que constituía su alimento diario y no representaba un riesgo particular: para eso confiaba en lo que se llamaba su "servicio especial", cercano al del protocolo, que en los últimos años dirigió la terrible Mabruka Sherif, muchas veces citada en el testimonio de Soraya. Tomaba a esas jóvenes, en general por la fuerza –algunas muchachas particularmente adoctrinadas, decían sentirse halagadas de ser "abiertas" por el Guía–, y recompensaba generosamente a las que más lo satisfacían, que aceptaban volver e incluso reclutar nuevas jóvenes. Y estaban las otras. Las que ambicionaba tener. Las que consideraba un desafío personal conquistar y dominar, y que constituirían trofeos singulares.

Para conseguirlas, se mostraba paciente, ponía en juego una estrategia, desplegaba enormes medios. Había estrellas, por supuesto. Cantantes, bailarinas, actrices y periodistas de televisión del Cercano y el Medio Oriente. Era capaz de enviar aviones al extremo opuesto del mundo para buscarlas y cubrirlas de dinero y de joyas incluso antes de que llegaran. Ellas colmaban su narcisismo –"Puedo tenerlas a todas"–, pero no era eso lo que más le interesaba. Lo que lo excitaba profundamente era poseer durante una hora, una noche o algunas semanas a las hijas o las esposas de personajes poderosos, o de sus opositores. Más que seducir a la mujer, su objetivo era humillar por su intermedio al hombre que era responsable de ella –"no hay peor ofensa en Libia"–, pisotearlo, aniquilarlo, o, en el caso de que el secreto nunca saliera a la luz, influir sobre él, absorber su poder y dominarlo, por lo menos en el plano psicológico.

–A ese hijo de beduino, nacido en una tienda, que durante toda su juventud había sufrido la pobreza y el desprecio, lo movía la sed de revancha –analizó su colaborador–. Detestaba a los ricos y se empeñó en empobrecerlos. Odiaba a los aristócratas y a la gente de buena cuna, que poseían en forma natural lo que él nunca tendría: cultura, poder y buenas maneras, y se juró humillarlos. Todo eso pasaba forzosamente por el sexo.

Podía obligar a ciertos ministros, diplomáticos o militares de alta graduación a tener relaciones con él.

–No tenían alternativa: un rechazo significaba una condena a muerte, y el acto era tan vergonzante que nadie podía quejarse ni tampoco sacar partido de ello.

A veces exigía que le entregaran a sus esposas. Si no, les tendía trampas: las invitaba en ausencia de sus maridos o las visitaba él mismo, provocando, sin duda, confusión y pánico.

–Pero se esmeraba más cuando se proponía tener a sus hijas. Podía ser una tarea de largo aliento: se tomaba tiempo para reunir fotos e informaciones, para averiguar sobre sus gustos, sus costumbres y sus salidas, para acercarse a ellas y luego rodearlas y presionarlas, gracias a sus famosas guardias y a Mabruka. Les decían que el Guía las admiraba. Las tentaban con dinero, un automóvil caro como un BMW o una gran 4x4, un diploma de Medicina si estaban estudiando, incluso un consultorio en la ciudad si querían establecerse. Todo se volvía posible.

¡Qué triunfo cuando finalmente iban hacia él! ¡Qué poder definitivo sobre sus padres!

# 5
## EL AMO DEL UNIVERSO

Entre los manjares de lujo del dictador, sus "presas codiciadas", estaban las esposas y las hijas de soberanos y jefes de Estado. Como no había podido cumplir su anhelo de convertirse en el "rey de reyes de África", Muamar el Gadafi soñaba con poseer al menos a sus esposas. De ese modo, lograba imponerse a todos. Pero en esos casos, era impensable recurrir a la coacción o a la fuerza. Se necesitaba habilidad, diplomacia y tacto. Y gastar grandes cantidades de dinero. Muchas esposas entendieron muy pronto que podían obtener todo del Guía y no se privaron de solicitar una cita para ir ellas mismas a pedir alguna ayuda financiera para un hospital, una fundación o un proyecto que les interesara particularmente. Él cumplía con los pedidos y, por supuesto, buscaba sacar ventaja. Las hijas de algunos jefes de Estado africanos, de costumbres más liberales que las libias y acostumbradas a un alto nivel de vida, se hacían invitar por él a Trípoli y no vacilaban en pedirle a "Papá Muamar" que les financiara sus vacaciones, sus estudios o sus proyectos empresariales, como, por ejemplo, el lanzamiento de una compañía de producción de programas televisivos. De ese modo, se les abría la oficina de Gadafi y luego su dormitorio. La hija de un ex presidente de Níger entró así durante mucho tiempo en su intimidad y lo acompañó en muchos viajes oficiales. Pero al coronel también le gustaba correr riesgos y seducir a las esposas en las propias narices de sus maridos. Las grandes cumbres internacionales le daban la oportunidad de desplegar todos sus talentos.

Una mujer de unos cuarenta años, que había trabajado varios años al servicio del protocolo de Gadafi, me citó en un salón de té de un barrio elegante de Trípoli. Una amiga le había hablado de mi investigación y estuvo de acuerdo en participar. ¡Fue tan inesperado para mí, después de la serie de negativas que había recibido! Baja, menuda, muy vivaz, esta mujer no usaba velo y me miraba directo a los ojos. Era amistosa y, por decirlo así, combativa.

–Siento que hablar con usted es un deber –me dijo–. No pude participar en la revolución, ni tomar las armas contra Gadafi. Le juro que habría querido hacerlo. Encontrarme con usted y contribuir a que se conozca la verdad de lo que fue realmente ese régimen, es una manera de aportar mi granito de arena a la revolución.

Me confesó que, después de haber sido contratada en el servicio del protocolo, se decepcionó y perdió todas las ilusiones sobre el Guía y los motivos que lo animaban. Creía estar trabajando por Libia y encontrarse al servicio de un promisorio destino encabezado por un visionario íntegro. El hecho de descubrir un sistema de prebendas, sumisión y corrupción sexual aniquiló todas sus convicciones. Había intentado seguir cumpliendo con su deber y realizar su propia tarea en forma irreprochable. Pero no necesitó mucho tiempo para darse cuenta de que la obsesión de Gadafi por el sexo manchaba al conjunto del régimen y podía hacer estallar en pedazos toda la minuciosa organización de cumbres y visitas de jefes de Estado que llevaba a cabo el servicio en el que ella trabajaba. Estaba indignada. "Jugaba con fuego. Siempre estábamos al borde del incidente diplomático". No se respetaba ninguna regla.

–Si la esposa de un jefe de Estado, de visita en nuestro país, manifestaba interés por las escuelas, nosotros debíamos organizarle un programa que respondiera a sus expectativas: encuentros con profesionales de la enseñanza, visitas a establecimientos educacionales. Pero en el día señalado, la agenda cuidadosamente elaborada sufría un brusco cambio: un automóvil de Bab al Azizia iba a buscar a la dama para una "conversación privada" con Gadafi. ¡Una conversación! No tenía ningún sentido, por supuesto. Pero lo entendí muy pronto. La escuela quedaba en el olvido. Al día siguiente, la mujer recibía una maleta con 500.000 dólares en billetes y una joya de oro o diamantes.

En noviembre de 2010, se realizó en Trípoli la tercera cumbre África-Unión Europea. Como siempre, una parte del servicio del protocolo se encargó de recibir a las esposas de los jefes de Estado y de organizar diferentes actividades que pudieran agradarles. Se había preparado un breve legajo de cada una de ellas, que incluía una foto y un currículum. Cada una tenía una acompañante asignada para todos sus desplazamientos. El día de su llegada, Mabruka Sherif se presentó en la oficina del jefe del aeropuerto, donde estaban los expedientes. Examinó todas las fotos de las primeras damas y se detuvo en la de una de ellas, que tenía una formidable cabellera y era especialmente espectacular. "Hágame una fotocopia de su ficha. Es para el Guía".

El primer día transcurrió de acuerdo con lo esperado. A la noche, cada delegación se instaló en su hotel. Al día siguiente, Mabruka llamó al servicio del protocolo: "Acompáñeme para entregar los regalos". Un automóvil hizo la recorrida de los hoteles y residencias de lujo en los que se hospedaban las distintas delegaciones. Y la empleada del protocolo descubrió, tan asombrada como algunas de las esposas, la opulencia de los obsequios. "Yo creía haber visto ya muchas cosas, pero eso... ¡No daba crédito a mis ojos! ¡Había unos collares deslumbrantes!". Mabruka me dijo con aire misterioso: "Cuando veas lo que le compramos a la mujer de la foto...". En efecto, cuando le presentó su estuche a esa mujer, esposa de un jefe de Estado africano, famosa por sus gustos lujosos y su escandalosa coquetería, todo el mundo quedó pasmado: la joya de diamantes cortaba el aliento. "Yo no sabía que existía algo así. Era... como un collar de ciencia ficción". Mabruka le deslizó: "El Guía querría verla". La dama asintió.

A la noche, se realizó una cena oficial en el hotel Rixos, el palacio cinco estrellas de Trípoli. Gadafi presidía las mesas dispuestas en forma de U, rodeado de los jefes de Estado. Las mujeres estaban reunidas en tres mesas redondas. Como por casualidad, Mabruka se había sentado cerca de la esposa elegante. Al final de la cena, cuando todo el mundo se ponía de pie para retirarse, la tomó de la mano y se arregló para cruzarse con Gadafi: este, por supuesto, se detuvo y la saludó con mil cumplidos. A las dos de la mañana, Mabruka llamó a la empleada del protocolo:

–¿A qué hora sale el avión de esa mujer?

–A las diez.

–Te enviaré un auto. Ingéniate para que esté a las nueve en Bab al Azizia.

–¡No puedo! Tengo que encargarme de las partidas de todas las delegaciones mañana a la mañana. ¡Estaré muy ocupada!

–De acuerdo. Me encargaré yo misma. Pero haz que se retrase la partida del avión.

A las diez de la mañana, el marido estaba esperando a su esposa en un salón del aeropuerto. A las once, la mujer aún no había llegado.

Ni al mediodía. Los empleados del protocolo y la delegación estaban visiblemente incómodos. La esposa llegó a la una y media, tranquila y sonriente, con el cierre de su ajustado conjunto desgarrado.

En otra oportunidad, Safia, la esposa del dictador, ofreció una gran cena para primeras damas visitantes en un lujoso restaurante giratorio situado en el vigesimosexto piso de la Torre de Trípoli. Hacia la medianoche, finalizada la comida, una hilera de automóviles salió del complejo moderno ubicado frente al mar de la capital para llevar a cada una de las damas de regreso a su hotel. De pronto, un automóvil se separó de la fila. El chofer había recibido la orden de desviarse, en la forma más discreta posible, hacia Bab al Azizia. Solo que nadie había avisado al hotel, de modo que la delegación que acompañaba a la mujer estaba preocupada, y su jefe del protocolo, al borde de un ataque de nervios.

–¡Qué vergüenza! –les gritó a los organizadores libios–. ¿Dónde está la señora presidente? ¿Cómo pueden perder a la esposa de un jefe de Estado en medio de la noche?

Intentaron tranquilizarlo: Trípoli era una ciudad segura, probablemente habría ocurrido un pequeño contratiempo. Con el teléfono en la mano, el hombre estaba aterrorizado, desesperado, no sabía a quién avisar. A falta de argumentos, los empleados del protocolo libio prefirieron eclipsarse. Se sentían confundidos ante la situación, pero no tenían ninguna duda sobre el lugar en el que se hallaba la esposa. Esta regresó a las tres y media de la madrugada.

Me contaron muchas otras historias con lujo de detalles. Sobre parejas de jefes de Estado, pero también ministras de países extranjeros, embajadoras, presidentes de delegaciones. Y hasta una hija del rey Abdallah de Arabia Saudita. Gadafi estaba dispuesto a todo para conseguirla: venganza suprema tras un grave conflicto que lo había enfrentado con su padre cuando solo era el príncipe heredero del reino. Habían puesto todos los medios a disposición de una alcahueta libanesa para que le llevara a esa joven. Como no pudo lograrlo, la intrigante convenció a una marroquí que había vivido en Arabia Saudita de que se hiciera pasar por la princesa, para un único encuentro, a cambio de una considerable suma de dinero. El infatuado coronel no se dio cuenta de nada.

A veces, sentía que la fogosa mirada de mi interlocutora, como la de muchos otros, expresaba la misma preocupación que había sentido al principio Soraya: "¿Me creerá? ¿Podrá creerme?". ¡Todo era tan extravagante! Tomaba notas sin hacer comentarios. Pedía aclaraciones, fechas. Me las daba, suplicándome que no revelara los nombres. De hecho, la mayoría de las historias que me contó fueron confirmadas más tarde por otras dos personas, intérpretes que trabajaban en el mismo servicio, y por miembros del poder actual.

Por último, estaban las presas vedadas a priori, y por lo tanto absolutamente deseables para ese hombre que se arrogaba todos los derechos: las amantes y las esposas de sus propios hijos y de sus primos. Había muchos rumores al respecto. Un jefe rebelde me aseguró que había recibido personalmente la confesión de una nuera, hoy en el extranjero, que se manifestó "asqueada" por las costumbres de esa familia "degenerada", y admitió que tuvo que ceder una decena de veces a los avances extremadamente apremiantes de Gadafi. No me detuve demasiado en este relato, ya que lo vi como una nueva indignidad en el seno de una familia que ya todo el mundo conocía. Pero el reportaje a Sayed Gadaf Edam, un primo de Gadafi, anunciado en la primera plana del diario *Libya Al Jadida* del 28 de febrero de 2012, me llamó la atención. En un país que siempre amordazó a la prensa y seguía considerando tabú el tema del sexo, el artículo en cuestión era verdaderamente sorprendente. Entrevistado en prisión, Sayed

Gadaf Edam, perfectamente reconocible por su relato y por sus iniciales, denunció la violación brutal de su esposa por parte de su primo Gadafi. Una violación, dijo, premeditada por un hombre sin fe ni ley, que cuando deseaba a una mujer, "no se fijaba en los vínculos que lo unían a un clan, una tribu, una familia", y usaba a la esposa para "aplastar" a su marido. Una violación perpetrada una y otra vez, señaló, mientras el hombre era alejado de su hogar para cumplir misiones militares, y que había llevado a su esposa, su "gran amor", a rechazar toda relación con el clan Gadafi, a reclamar rápidamente el divorcio, y en su precipitación, a aceptar un puesto en el extranjero. Para salvarse ella misma y para proteger a su hija, porque no quería que la familia sufriera dos veces el mismo destino. Su vocabulario era sentimental, y su tono, extrañamente lacrimógeno para un hombre conocido por su vida licenciosa y su proximidad con el dictador. "La devoró como una comida caliente, hasta el punto de que ella llegó a detestar el hecho de ser mujer".

Por supuesto, me dirigí de inmediato a la prisión Al Huda de Misrata. La acusación era demasiado grave y, hasta donde sabía, era la primera vez que un hombre "de la familia", cuya ex esposa terminó haciendo una carrera de diplomática en las Naciones Unidas revelándose como una feroz defensora del coronel, corría el riesgo de exponerse en un terreno tan minado. Algunos años atrás, la cólera, por las mismas razones, de otro primo de la tribu Gadafa había sido castigada con su terrible linchamiento público. Me hicieron entrar a la habitación del prisionero, situada en el sector de la enfermería de la cárcel: un caos de valijas, cartones, libros y medicamentos, y una silla de ruedas en un rincón. El primo de Gadafi, envuelto en una chilaba marrón, recibía en la cama, tendido sobre un costado: una mano regordeta sostenía su cabeza ceñida con un turbante con pompones azules, y la otra se hundía en un plato de dátiles y otros frutos secos. Mal afeitado, la mirada ladina, el vientre prominente, parecía un pachá de un cuadro orientalista, cansado y decadente. Nacido en 1948, parecía diez años mayor y sufría de una parálisis parcial. Pero no parecía disconforme con su suerte: insistía en la amabilidad con que lo trataban y estaba encantado de tener tiempo para escribir su tercera novela. De modo que empecé la conversación hablando del reportaje que le había dado al diario libio y le dije que me alegraba que un hombre del palacio, como él, hubiera contribuido a hacer surgir la verdad sobre los crímenes sexuales del dictador. Pareció incómodo. Carraspeó, sacudió la cabeza para apartar un pompón malicioso que se escapó del turbante y dijo con una mirada grave:

—Es un malentendido.

—¿Perdón?

—Nunca hablé de crimen sexual.

—Quizá no haya usado esa palabra, pero describió las maniobras de Gadafi para alejarlo y poder obligar a su esposa a...

—¡Mi ex esposa me ha sido siempre fiel! ¡Mi honor está a salvo!

—No se trata de ella. Fue a Gadafi a quien usted acusó de...

—¡De nada! Me quejaré al diario que inventó esas cosas. ¡No quiero que la historia me relacione con ese tema! ¡No está bien criticarse dentro de una misma familia!

Permaneció inflexible. Imposible abordar los hechos. Entonces giramos alrededor de ellos. Él dijo que de ninguna manera quería incriminar a su primo:

—No hay que revolver la tumba de los muertos. Solo Dios puede juzgarlos.

Pero parecía tan preocupado por exonerarse a sí mismo de toda complicidad que debió tomar un poco de distancia.

—Como intelectual, no podía aprobar ciertas conductas.

Un poco más tarde:

—Como beduino, estaba convencido de que despreciaba nuestros valores.

Y por último:

—Como militar que subió personalmente en 1979 al cuartel Al Saadi, donde se encuentra la tumba de mi padre, me horroricé al ver que desnaturalizaba el lugar llevando allí a todas esas mujeres. ¡Me repugnaba!

Al día siguiente de esa entrevista, fui a la sede del diario que había publicado el asunto de la violación. Sayed Gadaf Edam había llamado desde la prisión, terriblemente molesto por las reacciones de su familia, que se sintió ofendida por ese artículo. Pero el jefe de redacción mantuvo cada palabra, afirmando que no hacía más que confirmar lo que todo Trípoli sabía desde hacía mucho tiempo. Por otra parte, la continuación del reportaje, sobre un tema completamente distinto, fue publicada en otro número del diario, con la foto del primo de Gadafi en el centro de la página, hablando... frente al grabador de su entrevistador. Sí: las palabras del extravagante primo habían sido grabadas.

# 6
## MANSOUR DAO

Las únicas imágenes que existen de él datan de su captura, el 20 de octubre de 2011, producida en el mismo momento que la de Muamar el Gadafi. Una breve filmación realizada con un teléfono por rebeldes, en un clima caótico, lo mostraba aturdido, desaliñado, con la barba y el cabello hirsutos, una herida debajo del ojo derecho provocada por esquirlas de explosivos. Había sido el temido jefe de seguridad del dictador libio, y la precipitada fuga de ambos terminó en una masacre a las puertas del desierto. Ofrecía la terrible imagen de un derrotado.

Había permanecido hasta el final junto a Gadafi, y ambos huyeron rápidamente de Bab al Azizia cuando los insurgentes se apoderaron de Trípoli. Se dirigieron en primer lugar a Beni Walid, donde el dictador se despidió de toda su familia. Luego fueron hacia Sirte, al oeste, y se escondieron en casas comunes, sin medios, sin electricidad, sin alimentos, cada vez más rodeados por los rebeldes, hasta ese último intento de fuga que fue frustrado para siempre, al alba, por los disparos de la OTAN. Mansour Dao era uno de los pocos sobrevivientes del último grupo de fieles. Y era también el más importante de los prisioneros capturados por el nuevo régimen, junto con Saif al Islam, el hijo de Gadafi. Su nombre encarnaba el terror que había dominado al país durante décadas. Y más recientemente, los actos de barbarie −violaciones, torturas, ejecuciones− cometidos para reprimir la revolución. Toda Libia esperaba sus explicaciones. Pero él no hablaba. Eso es al menos lo que me dijo Ibrahim Beitalmal, miembro del consejo militar de Misrata y responsable de los prisioneros militares, cuando me dio su autorización para ver al detenido.

Llegó el sábado 10 de marzo, a la gran sala de reunión de un edificio del ejército nacional en Misrata, con aspecto relajado y sereno, vestido con una chaqueta kaki y una gorra de lana. Llevaba la barba blanca muy corta y una pequeña sonrisa irónica se dibujaba en sus labios. Había aceptado la entrevista sin conocer el tema. Quizá vio en ello una distracción para sus días solitarios.

−Estuve cuatro veces en Francia −dijo al presentarse−. Fue un placer.

Muy bien, pero no estábamos allí para hablar de mundanidades. Le dije que estaba llevando a cabo una investigación sobre un tema considerado tabú, los crímenes sexuales del coronel Gadafi, y que esperaba que me dijera lo que sabía al respecto.

−Nada −me respondió−. Yo no sabía nada. Como miembro de su familia, le debía respeto. No podía abordar ese tema. De hecho, evitaba mirar en esa dirección. Mantenerme a distancia era la mejor manera de conservar el respeto por mí mismo. Y me protegía.

−¿Pero usted sabía que Gadafi usó la violencia sexual con centenares de muchachos y muchachas?

−No lo niego ni lo confirmo. Cada cual tiene derecho a tener una vida privada.

−¿Una vida privada? ¿Se puede hablar de vida privada cuando se practican relaciones sexuales bajo coacción, cuando hay múltiples complicidades y los servicios del Estado contribuyen a ello?

–Otra gente lo sabía. Yo no.

–¿Usted sabía que había muchachas secuestradas en el subsuelo de su residencia?

–¡Juro que nunca fui a ese subsuelo! ¡Soy un comandante, formaba parte de los altos cuadros del ejército! Hice una tesis en Moscú sobre el mando militar. Cuando voy a un cuartel, la gente tiembla de miedo. Siempre supe hacerme respetar. ¡Especialmente manteniéndome alejado de todo eso!

"¿Todo eso?". ¿A qué se refería? De pronto pareció sentirse incómodo. Sin duda, había supuesto que debería enfrentar –y eludir– preguntas sobre la guerra, las armas, las brigadas y los mercenarios. Pero no hablar de mujeres. El terreno era resbaladizo. Estaba alerta.

–¿Qué pensaba usted, como alto comandante, al ver que su líder aparecía frente a jefes de Estado extranjeros rodeado de guardaespaldas femeninas, que eran en general jóvenes amantes suyas sin formación militar?

–No era responsable de esos viajes y me negaba a participar de ellos. Durante el breve período en que dirigí la brigada de protección del Guía, le puedo asegurar que las jóvenes de ese "servicio especial" no estaban allí.

–¿No se sentía usted insultado por esa farsa?

–¿Qué podía decir? ¡Yo no tenía el monopolio del ejército libio! Y aunque no me gustaba, no podía hacer nada. De todos modos, las mujeres no están hechas para el ejército. Es contra natura. Si me hubieran pedido mi opinión, jamás hubiera existido una Academia Militar femenina.

–¿Gadafi creía sinceramente en eso cuando la creó en 1979?

–Es posible. Pero a mí me parece que esa Academia es lo que le dio la idea de usar de otra manera a las mujeres…

Sonrió, buscando en la mirada del director de la prisión, que acababa de llegar, un rastro de complicidad masculina. Del tipo: usted me entiende cuando digo "usar de otra manera". Entonces le pregunté si conocía a las guardaespaldas que me había mencionado Soraya, especialmente a la corpulenta Salma Milad, que acompañaba a Gadafi en todos sus viajes con un revólver en el cinto, controlaba su ropa y... martirizaba a sus pequeñas esclavas. No dudó. ¡Por supuesto que la había conocido! Incluso le reconocía cierta competencia adquirida en la Academia Militar. Pero el lugar prominente que había conquistado con Gadafi era algo que nunca había podido digerir.

–Eso me chocaba, ¿sabe? Incluso me molestaba esa proximidad tan visible. ¿Qué cree usted? ¡Protesté contra eso! Y no le perdoné el menor error mientras estuvo bajo mis órdenes. Un día estábamos en misión en Kufra, en el sur del país, y discutí con ella en la radio interna. Gadafi interceptó la conversación e intervino, furibundo: "¡No le vuelvas a hablar así nunca más! Algún día la nombraré general. ¡Y estará por encima tuyo!". Monté en cólera. "¡Aunque tú la nombres general, para mí nunca será más que Salma Milad!". Todos los receptores conectados a la red oyeron ese cambio de palabras. Gadafi se ofendió mucho. ¿Cómo podía uno dirigirse de ese modo al jefe del ejército? Mandó un avión a buscarme y me castigaron con treinta días de calabozo. ¿Entonces? ¿Qué le parece? ¡Eso le demuestra que tengo valores! ¡Una moral! ¡Un límite!

Mansour Dao se iba soltando poco a poco. Me habían dicho que aún no se permitía la menor crítica a su Guía, pero sentí que estaba ansioso por desligarse de toda complicidad en ese asunto tan turbio. No reveló nada, todo quedaba sobrentendido, pero me confirmó que casi todos sus allegados sabían lo que hacía Gadafi, y aunque algunos se sentían molestos por ello, no lo criticaban. La relación del jefe con las mujeres, fueran o no militares, pertenecía, para ellos, al ámbito privado. Se sabía que si alguien lo contrariaba, podía sufrir graves consecuencias. En cambio, los que lo comprendían, lo alentaban y facilitaban la obsesión enfermiza de su amo habían conseguido un enorme poder dentro del régimen. Mansour Dao no ocultó su desprecio.

–¿Cómo estaba organizada esa actividad?

–Estaba protegida por el paraguas del servicio del protocolo dirigido por Nuri Mesmari. Un intrigante que tenía a veces la osadía de pavonearse en uniforme de general: lo apodaban "el general de los asuntos especiales", para evitar pronunciar la palabra realmente apropiada.

–¿Cuál era?

–Apenas me atrevo a decírsela: ¡"El general de las putas"! Buscaba mujeres en todas partes: era su especialidad y su función principal. Incluso recogía prostitutas en la calle.

–¿Y Mabruka Sherif?

–Era fundamental en el dispositivo. Tenía mucho más peso ante Gadafi, y siempre estaba pegada a él. Me inspiraba tanta repulsión que tres veces me negué a darle la mano. Disponía de redes y se ocupaba, entre otras cosas, de las esposas de los jefes de Estado. Practicaba la magia negra, y estoy seguro de que la usaba para que Gadafi se le sometiera.

–¿Creía en la magia negra?

–Lo negaba. Pero aunque vivamos en una época dominada por la ciencia, hasta los dirigentes occidentales consultan a videntes. En todo caso, algunos de nosotros quisimos advertirle que Mabruka Sherif y Mesmari la practicaban. Recuerdo que un día, cinco militares de alta graduación estábamos en un automóvil con él, yo conducía, y le dijimos: "¡Ten cuidado! Eres víctima de magia negra, y esos dos están tratando de destruir tu imagen". Él se encogió de hombros. "¡Tengo absoluta confianza en ellos!". Todas mis advertencias fracasaron. Él era el jefe del Estado y yo era un simple funcionario. ¡No soy yo quien debe responder por sus crímenes!

−¿En qué momentos estuvo usted cerca de ese servicio del protocolo?

−Prácticamente nunca, pues, como le dije, me negué a participar en los viajes oficiales organizados por Mesmari. Sin embargo, me lo pidieron, en los viajes a Francia, a España, etc. Ponían mi nombre en la lista y me reservaban una habitación, pero no iba. No quería involucrarme en eso.

−¿Involucrarse en qué?

−En esas maniobras para conseguir mujeres.

−¿Los viajes era propicios para esas maniobras?

−Oí decir muchas cosas, porque había grandes discusiones con los verdaderos militares. Mesmari, que hablaba varios idiomas, y era el jefe del protocolo, disfrazaba las llegadas de mujeres de "comisiones", "delegaciones", "grupos de periodistas". Sé también que ese servicio "especial" era un gran negocio, muy lucrativo para sus responsables, sobre todo cuando viajaban al exterior y hacían negocios con los obsequios. Pero supe protegerme y no ensuciar mi imagen ante Dios, mi familia y los libios.

En ese momento, le hablé del testimonio de Soraya. Su secuestro en Sirte por parte de Salma y Mabruka, sus sucesivas violaciones, su confinamiento en un subsuelo de Bab al Azizia. Meneó la cabeza, consternado.

−No me consultaban para ese tipo de cosas. Podía haberme opuesto y en ese caso, seguramente él me habría enviado a prisión. ¡Juro que no sabía nada de ese subsuelo! ¡Es contrario a mis valores!

Soy un militar respetado, un padre, un abuelo. ¿Puede imaginarme como un violador? ¿Como un rufián? ¡Jamás! ¡Sería incapaz de acostarme con una mujer si ella no quisiera!

Hubo un momento de silencio en el que pareció perdido en sus pensamientos. Respiró hondo, lanzó una mirada hacia los dos rebeldes responsables de la prisión y exclamó alzando los brazos:

−¡Él, que habría debido ser el padre espiritual de la nación! ¡Es terrible!

¿Estaba realmente sorprendido o representaba una escena? ¿Era razonable que el jefe de la seguridad se sorprendiera al oír hablar de los crímenes perpetrados por el amo de Bab al Azizia, cuando tantos empleados −guardias, choferes, enfermeras− estaban al corriente?

−¡No lo frecuentaba íntimamente! Éramos parientes y estábamos cerca. Y permanecí junto a él hasta el final. Incluso lo ayudé, cuando estuvo herido, a ponerse a resguardo. ¡Pero juro que esas informaciones me impactaron! Cuando oí hablar del consultorio ginecológico en la universidad, se me puso la piel de gallina.

−¿Puede decirse que el sexo era un arma política?

−¡Vamos! ¡Es un clásico! Usted sabe muy bien que en todas partes se usa el arma del sexo. Incluso en Francia. Cuando viajé allí por primera vez, me enteré de que los servicios secretos franceses habían contratado a una tunecina para tenderme una trampa. Eran hábiles, pero no me conocían. A mí nadie me caza. ¡Yo soy el cazador! Gadafi también solía enviar muchachas a tenderles trampas a sus allegados y a los altos funcionarios del poder. Algunos cayeron.

−¿Sabía que obligó a ciertos ministros a tener relaciones sexuales con él?

−No me sorprende. ¡Hay tantos ambiciosos! ¡Algunos, para obtener favores, estaban dispuestos a entregar a su esposa o a su hija! El colmo del deshonor en la cultura libia. Es la marca del subhombre.

–Al parecer, incluso trató de violar a las esposas de sus primos.

–Hay que ser muy poco hombre para aceptar que se toque a la propia esposa.

–¿Cómo habría que reaccionar?

–Matando al violador. O suicidándose.

–No ignorará que también agredió a las esposas de guardias y de militares.

–Puedo garantizarle que jamás tocó a mi propia familia. Siempre hice todo para protegerla.

–¿Cómo?

–Me aseguré de que mi esposa solo subiera a un automóvil manejado por mí o por mis hijos. ¡No teníamos chofer! Salvo cuando usé en forma ocasional los servicios del hermano de mi esposa, porque él es aún más cuidadoso que yo. ¡Y celoso!

–¿Quiere decir que usted desconfiaba de Gadafi?

–No lo invitamos a la boda de mi hijo. Al tercer día, Safia vino a felicitarnos y a tomarse una foto con mi hijo y su esposa. Eso es todo.

–¿Por qué?

–No quise que mi familia tan respetada fuera víctima de sus manejos. Hicimos la fiesta de casamiento en mi casa, porque temía las cámaras de los hoteles. La orquesta era femenina, la recepción, ciento por ciento femenina, salvo mi hijo. Y habíamos prohibido los teléfonos móviles para que no circulara ninguna imagen robada.

–¿Usted creyó que si lo invitaba a la recepción, podía elegir allí una presa?

–No se hubiera atrevido a hacerlo con una de mis invitadas. Sabía muy bien cómo reaccionaría yo. Pero me pareció mejor tenerlo lejos. Si hubiera venido, lo habrían acompañado forzosamente sus zorras, siempre al acecho. Y eso me aterrorizaba.

¡Qué confesión! ¡Cuánta desconfianza! ¿No se arrepentía de haber seguido hasta el final a un personaje tan poco respetable? Se irguió en su silla y se tomó su tiempo para contestar.

–Al principio –dijo–, confiaba en él y no tenía la menor idea de sus coerciones. Ahora que está muerto, ¿de qué serviría expresar mis arrepentimientos personales? Guardo eso para mí, en lo más profundo. He protegido a mi familia: para mí, eso es lo más importante. Y ahora me someto a la justicia del pueblo libio. Aceptaré su veredicto. Aunque sea una condena a muerte.

Se puso de pie para marcharse, esperando que lo llevaran a su celda. Pero, de pronto, agregó:

–¿Sabe? Cuando llegué aquí, a Misrata, esta ciudad tan lastimada por la guerra, había perdido mucha sangre, estaba herido, casi muerto. Me curaron y me trataron con respeto. Quiero decirlo. Duermo sobre un colchón que el propio director de la prisión trajo de su casa. Me dio ropa. Estoy descubriendo el placer de hablar con hombres de bien, que lucharon por la rebelión, y el vínculo casi fraternal que nos une. Es algo perturbador, ¿no es cierto?

# 7
## CÓMPLICES Y CAZADORES

Regresé a Trípoli, esa ciudad extraña, al mismo tiempo moderna y arcaica, embotellada, desorientada, desnaturalizada, que ya no sabe quién es. Quizá mantenga su oculto encanto. Sin duda, en los recovecos de su medina rodeada de murallas, se encuentran zocos y pórticos de madera esculpida, antiguas casas otomanas, suntuosas mezquitas y palacios secretos. Probablemente también haya todavía en algunos barrios del centro bellos vestigios de la época italiana y en las noches de verano, la Plaza de los Mártires es un lugar fresco en el que los niños pueden correr y jugar. Pero en aquel invierno de 2012, particularmente húmedo y frío, yo no estaba en condiciones de rendirme ante la seducción de esa curiosa capital que bordea el Mediterráneo sin dignarse a mirarlo.

Me desplazaba por la ciudad en taxis desvencijados de color blanco y negro, que tenían los parabrisas perforados por esquirlas y casi siempre una puerta que no funcionaba. Los choferes no le daban importancia a eso. Avanzaban con energía a través de los embotellamientos por los caminos deteriorados, ignorando las prioridades y los semáforos, y tarareando los cantos revolucionarios que transmitía la radio, sin aclarar nunca que no conocían la

dirección que yo les daba. Uno improvisaba en el concierto de bo-
cinas, a menudo se detenía bruscamente para preguntar por el
camino, debió retroceder varias veces y, al descubrir que yo era francesa, gritó: "¡Gracias, Sarkozy!". Sonreí imitando su V de la victoria.
La intervención de la OTAN para apoyar la revolución, dijo, merecía
un agradecimiento eterno. Había llegado la hora del optimismo.

Pero el invierno era duro para los tripolitanos. La mayoría de
las obras en construcción, privadas y públicas, estaban paraliza-
das: las grúas inmóviles se recortaban contra el cielo como lúgu-
bres aves zancudas. Muchos sectores económicos, totalmente
devastados, habían despedido a masas de asalariados que se
arrastraban por las calles, cubiertas de desechos, en busca de algún trabajo temporario, a la espera de días mejores. Los rebeldes
se demoraban en dejar sus brigadas, nostálgicos de los tiempos
gloriosos que los habían unido, aún embriagados por la victoria,
listos para pelearse contra alguna milicia rival, con dudas sobre su
futuro, incapaces de proyectarse en el corto plazo. Algunas voces
se alzaban cada vez con mayor fuerza para criticar la falta de
transparencia del nuevo poder, ese Consejo Nacional de Transición
que nunca hizo pública la lista de sus miembros, y para denunciar
la ineficacia del gobierno provisional. Se hablaba de las veleidades
separatistas en el este, de los conflictos intertribales en el sur, de
bolsones de resistencia pro Gadafi en el oeste. Pero en Trípoli,
donde el inmenso terreno de Bab al Azizia había sido arrasado
por las topadoras para transformarlo algún día en un inmenso
parque, el tiempo estaba como suspendido. La ciudad, sin brújula.
Y mis interlocutores tenían miedo.

Cuando llamaba a algunas personas que me habían recomendado, la primera reacción se parecía al pánico: "¿Cómo sabe mi
nombre? ¿Quién se lo dio? ¿Por qué? No tengo nada que ver con

este tema, ¿me entiende? ¡No mencione nunca mi nombre! ¡No tiene derecho a destruir mi vida!". A veces, el pánico se convertía en cólera y era acompañado de amenazas. A veces, la furia cedía. Yo tenía que explicar, atemperar, tranquilizar y prometer absoluta discreción. Pero muchas entrevistas, obtenidas con mucho esfuerzo, fueron luego canceladas, postergadas, diferidas *sine die*, sin la menor explicación. Un comandante que debía conducirme hacia un testigo clave, de pronto dejó de atender mis llamadas. Me dijeron que lo habían llevado a un hospital de Trípoli, y luego a otro establecimiento de Túnez. Después me dijeron que había muerto. Quizá. ¿Cómo saberlo? Otro estaba "de viaje". Otro, "enfermo". Pero seguí insistiendo.

Todos los datos que me había dado Soraya resultaron ser verdaderos. Los secuestros, las violaciones, la farsa de las guardaespaldas y el flujo permanente de mujeres y hombres jóvenes hacia el dormitorio del dictador y su obsesión enfermiza y brutal. Faltaba entender mejor cómo funcionaban esas redes que le garantizaron al amo de Libia durante tantos años una provisión cotidiana de carne fresca. Sin duda, había cómplices en todas partes. Hombres que compartían sus gustos y sabían que era la manera más segura de ganarse su agradecimiento y diversas ventajas. También mujeres que, tras haber pasado por la cama de Gadafi, entendieron que al proveerle otras mujeres, podían enriquecerse: una ministra y policías femeninas, una maestra, una banquera, una peluquera, mujeres que trabajaban en hoteles y en sectores de lujo, de turismo, de negocios. Pero algunos agentes, cercanos a Gadafi, eran particularmente eficaces.

En mis entrevistas, se repetían dos nombres: Abdallah Mansour, ex jefe del servicio de inteligencia interior y particularmente cercano al Guía, y Ali Kilani: ambos provenientes del ejército, conocidos

también como poetas y autores de canciones, que habían trabajado como agentes y productores de artistas, y luego dirigieron, en
forma sucesiva, la Oficia General de Radio y Televisión libia, poderosa herramienta de propaganda. Su relación con el ambiente del
*show business* les daba acceso a decenas de jóvenes –e ingenuas–
aspirantes a actrices de televisión y del espectáculo. Cada casting
ofrecía nuevas presas, como cada reportaje en los cafés y hoteles,
donde esos hombres se comportaban como caballeros antes de
mostrar sus verdaderas intenciones. También mantenían contactos
con cantantes, bailarinas y actrices de todo el Mediterráneo, y encontraban mil pretextos para invitarlas a la casa de Gadafi o a las
hermosas residencias en las que se organizaban encuentros y grandes fiestas. Una joven animadora de un programa infantil del canal
árabe MBC fue notada por Gadafi, y Abdallah Mansour se contactó con la dirección de su canal para invitarla a Libia, donde le harían
"un homenaje" por su inmenso talento. A una periodista libanesa
que atrajo la mirada del coronel la hicieron ir a Trípoli aunque para
pagarle tuvieron que crear una falsa sociedad de producción con el
objeto de realizar un falso proyecto artístico. Podían gastar sumas
considerables (hasta varios millones de euros) y poner un avión a
disposición de la víctima. Abdallah Mansour también tenía corres-
ponsales en muchos países árabes: Marruecos, Túnez, Egipto,
Jordania, Líbano. Si el Guía se declaraba satisfecho con el servicio,
las comisiones eran altas y las recompensas, sustanciales.

* * * * *

En los países de África, Gadafi recurría a los servicios de sus diplomáticos y de algunas personalidades locales para que le organi-
zaran, en cada viaje, encuentros con asociaciones y agrupaciones

femeninas. Era la garantía para mantener su fama de héroe de la causa de las mujeres: podía cambiar todo el protocolo de una visita de carácter político o religioso, como la fiesta de Mulud que celebró en Tombuctú en 2006 y en Agadez en 2007, para imponer ese tipo de reuniones. Era la oportunidad de conseguir "amigas" devotas, a quienes les otorgaba generosas subvenciones, además de collares y medallones con su efigie. Ellas se encargarían luego de organizar sus siguientes comités de recepción –que a él le gustaban delirantes, admirativos y espectaculares– y de descubrir en los congresos, fiestas, festivales y desfiles, pero también en los bautismos y las bodas, nuevas jóvenes para invitar a Libia. Sí: "invitar". Era así de sencillo. Los "países hermanos" consideraban que Gadafi era rico, espléndido y generoso. Las valijas de billetes de banco transportadas por su séquito eran tan famosas –y esperadas– como sus diatribas antinorteamericanas y sus excéntricos atavíos. A todo el mundo le parecía normal que distribuyera muchas invitaciones para ir a verlo a Libia. ¿Acaso no se vendía Libia como una especie de "paraíso de las mujeres"? Un joven libio educado en Niamey me contó que en los cafés y las discotecas de las capitales de Malí o de Níger era frecuente encontrar pequeños grupos de muchachas excitadas ante la idea de viajar juntas a Trípoli.

–¡No se ocultaban! ¡Se jactaban de su buena suerte! Papá Muamar, como decían, quería agasajar a las jóvenes y por eso las invitaba, con todos los gastos pagos, a pasar vacaciones en su país. ¿No era el hombre más atento del mundo?

Fue Fatma quien me relató esos viajes. Tras recibir una llamada de un amigo tuareg, había aceptado hablar conmigo sin poner condiciones. Después de recibir tantas negativas, se lo agradecí. Delgada, con un porte altivo y un andar displicente, llegó con una gran sonrisa al hall del Corinthia, un hotel de lujo que sin duda conocía muy bien, a juzgar por los pequeños gestos de saludo que le dedicó al personal. Una tormenta helada barría la ciudad, pero ella estaba envuelta en velos vaporosos y llevaba unos hermosos zapatos que dejaban ver sus tobillos de cristal. Tenía treinta y seis años, dijo ser mauritana de Níger, pero vivía desde hacía veinte meses en Libia. Por la gracia de Muamar el Gadafi. ¿Cómo había sucedido? Lanzó una carcajada. "¡Oh! ¡Muy sencillo!". Una nigerina casada con un tuareg, que conocía a Mabruka, le había propuesto, un día de 2003, ir a visitar Trípoli con cuatro amigas.

–La oferta era tentadora: avión, visitas, hotel cuatro estrellas, ¡todo a cargo del Estado libio! Sin contar el dinero de bolsillo. ¿Qué hubiera hecho usted en mi lugar? ¡Hubiera dicho que sí, seguramente!

Me pareció divertido que respondiera en mi lugar, ya que, de hecho, mi "sí" no habría sido tan automático. Pero prosiguió. ¡Esa invitación era muy ventajosa! De modo que desembarcó, algunas semanas más tarde, en el aeropuerto de Trípoli en compañía de cuatro alegres amigas. Jamal, empleado en la banda de muchachos de Gadafi y efímero enamorado de Soraya, las aguardaba para llevarlas al hotel Al Mehari, que fue dirigido durante mucho tiempo por Nuri Mesmari. Les entregaron un primer sobre de 500 dinares, equivalentes a casi 300 euros, para que hicieran algunas compras antes de comenzar el programa de visitas y de turismo. Al cabo de algunos días, les dijeron que se vistieran como para ir a ver a "Papá". Un automóvil de Bab al Azizia fue a buscarlas al hotel, seguido por un vehículo con guardias de Gadafi: "Eso nos hizo creer que éramos invitadas importantes", dijo Fatma. Mabruka las recibió y las introdujo en una suite de salones. Y apareció Gadafi, vestido con un conjunto de ropa deportiva de color rojo, "muy sencillo". Se interesó por cada una de ellas, les preguntó sus nombres y se informó sobre sus familias, sus tribus, sus idiomas, sus preferencias. "¿Les gusta Libia? ¡Ah! ¡Me encantaría que todo el mundo adorara a mi país!". ¡Era tan "amable", tan "gracioso"!, recordaba Fatma. En un momento, se volvió hacia Mabruka y le dijo: "¡Sería bueno que Fatma trabajara para nosotros! Veo que habla árabe, tuareg, alemán, songhai, francés… ¡Nos sería muy útil!". Según Fatma, Mabruka pareció molesta y celosa, pero dijo "¡De acuerdo!". Y el grupo regresó al hotel como transportado en una nube. "¡Que una persona como él se interesara por nosotras de una manera tan personal era muy halagador!". ¿Verdad que sí?

Las "vacaciones" duraron "dos o tres" semanas. Jamal y el chofer estaban a su disposición y recibieron más regalos. Fatma me aseguró que no volvió a ver a Gadafi antes de partir. Pero regresó muy pronto a Trípoli. Junto con otras jóvenes, entre ellas, una pequeña bomba de Malí, una muchacha brillante y mimada del *jet set*, ya señalada antes por Nuri Mesmari, que le envió un avión privado para que fuera a ver a Gadafi una primera vez.

–Su ropa ajustada y sus blusas escotadas nos ocasionaron algunos problemas en la calle, ¡pero a Gadafi le encantaba! Estaba loco por ella y la mandaba llamar con regularidad. Yo esperaba en compañía de Mabruka. Al salir de su cuarto, el Guía decía: "¡Ocúpate de mis invitadas!". Eso significaba: "¡Piensa en los obsequios y en el dinero!".

De hecho, a lo largo de los días, Jamal les dio "relojes Rado, Tissot o de otras marcas", brazaletes, aros, "colgantes de grandes marcas italianas", "collares con la foto del Guía rodeada de diamantes. Y luego, justo antes de subir al avión, sobres con sumas que variaban entre 2000 y 20.000 dólares, según las invitadas que yo le había llevado".

Fatma omitía, por supuesto, algunos detalles cruciales concernientes a su función. Esquivaba ciertas preguntas riendo o fingiendo candor: "¡Nosotras, las mauritanas, somos así! ¡Tenemos talento para las relaciones públicas y el comercio!". Para mí, eso se parecía bastante a la definición de alcahueta o de cortesana. También decía, sin mayores precisiones: "A nosotras, las mauritanas, no nos gusta que nos den órdenes, y elegimos nosotras mismas a nuestros hombres, más que ser elegidas". En todo caso, al parecer le había llevado a Gadafi una gran cantidad de mujeres de diferentes países –"la última vez, diecisiete provenientes de Nuakchot, para la fiesta de Mulud"– y como todos conocían sus vínculos con Bab al Azizia, también servía como intermediaria para ministros, embajadores y empresarios de países africanos. "Mabruka se ocupaba de las esposas y las hijas de los presidentes que querían ver a Gadafi. ¡Mi campo era mucho más vasto!". Pero la generosidad del Guía con las mujeres no tenía límites, insistió Fatma, recordando que los hoteles de lujo de Trípoli, empezando por el Mehari, estaban siempre llenos de esas invitadas ociosas, de los más diversos orígenes, que esperaban sus citas. También quedaba claro que ella había entrado en la intimidad del dictador. Lo había acompañado en diferentes oportunidades a Bengasi y a Sirte, así como a sus paseos al desierto. Asistía a las ceremonias de las fiestas nacionales y trató a Safia, la esposa, y a las dos hijas, Aisha y Hanaa: esta última, me contó, se mantenía "siempre detrás de su hermana mayor. ¡Cuántos buenos recuerdos!", me dijo. Y muy buenos negocios.

* * * * *

Los choferes de Bab al Azizia eran testigos privilegiados de esas permanentes idas y venidas de mujeres. Uno de ellos, Hussein, que trabajaba en el servicio del protocolo, me confirmó sus innumerables viajes entre Mehari y el aeropuerto para transportar a diversas jóvenes. Llegaban de todas partes, recordó: de otras ciudades de Libia, pero también del Líbano, de Irak, de los países del Golfo, de Bosnia, Serbia, Bélgica, Italia, Francia, Ucrania. Tenían alrededor de veinte años, eran bellas "incluso sin maquillaje" y todas llevaban el pelo largo. Una persona del protocolo se encargaba de recibirlas y las llevaban directamente al hotel, donde se instalaban por algunas horas o algunos días. Luego, Hussein iba a buscarlas, casi siempre alrededor de la una de la mañana, para llevarlas a Bab al Azizia.

–Allí, yo esperaba tranquilamente en el estacionamiento. Hacia las cinco, me golpeaban el vidrio y llevaba a la muchacha de vuelta al hotel, siempre seguido por un automóvil de guardias.

Algunas salían felices; otras estaban demudadas. Algunas partían al día siguiente; a otras las volvían a llamar varias noches seguidas. Todas llegaban con un equipaje reducido: la mayoría se marchaba con varias maletas. Por su espejo retrovisor, Hussein veía los fajos de dólares.

–Se lo juro sobre la cabeza de mi hijo: una sacó de una Samsonite repleta de billetes, uno de 100 dólares y lo enrolló para aspirar cocaína. ¡100 dólares! ¡Más de un mes de mi sueldo!

Un día, le dieron la orden de ir a retirar un millón de euros al banco para una famosa cantante libanesa que había pasado la noche con Gadafi. En billetes de 500.

–Ese día, totalmente asqueado, decidí dejar mi trabajo. Alguna vez creí que era prestigioso. Pero era degradante.

Un colega de Hussein, encargado de ir a buscar a las muchachas al Corinthia, dijo que, en varias oportunidades, enviaron una enfermera ucraniana al hotel a tomarle públicamente una muestra de sangre con el fin de mostrarles a las jóvenes elegidas para ir a Bab al Azizia, preocupadas por ese extraño procedimiento, que se trataba de una costumbre que se aplicaba a todos, sin distinción.

La muy conocida obsesión de Muamar el Gadafi suscitó a veces la ira de políticos extranjeros. Un ministro de Relaciones Exteriores de Senegal contó, indignado, que se negó firmemente a permitir que la única mujer que figuraba entre sus colaboradores se quedara en Trípoli tras la partida del conjunto de la delegación, como lo reclamaba el Guía. Otro ministro exigió explicaciones, que no le dieron, al enterarse de las pruebas de detección de sida que se les realizaba en forma sistemática en un hotel a jóvenes malienses invitadas. Otro dijo haber interceptado fotos que hacían circular emisarios de Gadafi para volver a encontrar a las jóvenes que había observado en una de sus visitas a Níger. Otro inició una investigación, pronto acallada, tras haberse enterado de que les habían confiscado el pasaporte a algunas muchachas "invitadas" por el coronel y que se habían sentido "secuestradas" en el hotel Mehari. El entusiasmo de Nuri Mesmari por embaucar a Gadafi ofreciéndole cada vez más mujeres hermosas llegó al punto de provocar un día un escándalo diplomático entre Libia y Senegal.

El 1º de septiembre de 2001, se celebraría el 32º aniversario del acceso al poder del coronel Gadafi con un desfile de centenares de modelos provenientes de toda África. Por supuesto, las embajadas de Libia en diferentes países comenzaron a trabajar para ello, dotadas de mucho dinero, y tenían que activar todos sus contactos en los ambientes de la moda... o de las *call girls*. En Senegal, la tarea de reclutamiento de muchachas estuvo a cargo de dos mellizas, Nancy y Leila Campbell, hijas de un actor senegalés, ya empleadas por los servicios de Gadafi y particularmente eficientes, ya que al término de un casting realizado al mismo tiempo en la calle y en asociación con una famosa estilista, citaron para el 28 de agosto, en el aeropuerto de Dakar, a un centenar de muchachas, invitadas por una semana a Trípoli. Ese día, a las 7 de la mañana, las jóvenes estaban

allí: altas, delgadas, suntuosamente ataviadas y llenas de esperanzas. El encargado de negocios de la embajada de Libia se ocupó de
que las recibieran bien, y un Boeing 727 fletado a Malta por el
Estado libio aguardaba en la pista.

Pero un momento antes del despegue, los policías y los gen-
darmes del aeropuerto Léopold Sédar Senghor, intrigados por la
naturaleza particular de la "carga" y la ausencia de títulos de transporte y de visas para las pasajeras, algunas de ellas menores de edad,
alertaron a las autoridades y detuvieron el avión. El gobierno senegalés, tomado de sorpresa, reaccionó fuertemente y denunció de
inmediato un intento de "expatriación" de las jóvenes. El ministro
senegalés de Relaciones Exteriores, Cheikh Tidiane Gadio, calificó
el asunto que involucraba a diplomáticos libios como "inaceptable e inamistoso" y añadió que Senegal no era "un Estado colador".
Algunas horas después, el ministro senegalés del Interior, el general
Mamadou Niang, aseguró en un comunicado que las muchachas
a las que habían querido hacer salir del territorio nacional estaban
destinadas a un tráfico vinculado a la prostitución internacional
y que recurriría a Interpol. La prensa estalló: "Intento de expatriación de jóvenes senegalesas", tituló *Sud Quotidien* el 30 de agosto.
"El Estado interpela a Libia". En efecto, el embajador de Senegal en
Trípoli fue llamado a Dakar para realizar consultas. Se despachó
una delegación libia a Senegal para entrevistarse con los ministros
de Relaciones Exteriores y de Cultura. El jefe de Estado senegalés,
el presidente Abdoulaye Wade, se declaró oficialmente "herido".
Furioso, llegó a llamar a Gadafi, y se necesitaron muchas promesas
y toda la diplomacia de uno de sus colaboradores –que me contó
el hecho– para evitar la ruptura diplomática y superar el traspié.

Por supuesto, las modelos formaban parte de las fantasías del
dictador. En un país en el que por lo menos el noventa y cinco por

ciento de las mujeres usan velo, él organizaba permanentemente desfiles de moda para las fiestas, los festivales y hasta en las cumbres políticas. El modisto nigerino Alphadi, apodado "el mago del desierto" y reconocido como el abanderado de la moda africana, le está eternamente agradecido.

–Puede decirse que Gadafi me apoyó –me dijo–. Me dio mucho dinero, me mandaba aviones, subvencionaba mis desfiles. ¡Tenía tanta fe en África! ¡Un compromiso tan grande con su cultura y en particular con su moda!

¿Era sincero?

–¡Totalmente! ¡Me ayudó a lanzar el FIMA, primer festival internacional de la moda africana que ahora es conocido en todo el mundo! Me envió ministros, modelos de su país. ¡Podía pedirle lo que quisiera!

Sin duda. El placer que experimentaba Gadafi en frecuentar a las *top models* bien valía subvenciones y ventajas para el famoso creador.

–Pero, señor Alphadi, ¿usted no sabía que Gadafi era un depredador?

El modisto hizo silencio. Percibí su repentina vacilación.

–Había rumores que lo involucraban a él y a su entorno. Los libios son muy mujeriegos: yo era consciente de los riesgos. ¡Pero jamás acepté la prostitución! Y antes de un desfile en Sirte, por ejemplo, reunía a mis chicas y les decía: presten atención, permanezcan juntas y verifiquen si están todas. ¡Nunca salgan solas! ¡Gracias a Dios, siempre las llevé de vuelta a todas!

Nada, ni siquiera las conveniencias, lograba frenar la avidez del dictador. En noviembre de 2009, su jefe del protocolo, a quien decididamente no le faltaban recursos, se conectó por intermedio de su hermana con una agencia italiana de modelos y azafatas,

Hostessweb, para conseguirle al Guía un público acorde a sus deseos. En efecto, en forma paralela a un congreso de la FAO –la Organización de las Naciones Unidas para la Alimentación y la Agricultura– sobre el hambre en el mundo, que se realizaba en Roma, Gadafi quiso hablar una vez más ante un auditorio femenino. Advertida a último momento, la agencia difundió por SMS e internet un anuncio para convocar a mujeres jóvenes, de 1,70 m de altura como mínimo, bien vestidas, con tacos altos pero sin minifaldas ni escotes. Se presentaron doscientas a la entrevista fijada en un gran hotel, con la información de que debían hacer acto de presencia en una reunión política seguida de un cóctel y que les pagarían unos 60 euros solo por esa velada. Ninguna podía haber adivinado que las llevarían en buses a la residencia del embajador de Libia a la que, ante su gran sorpresa, llegó Muamar el Gadafi a bordo de una limusina blanca para ofrecerles una larga disertación sobre el islam, esa religión "que no está contra las mujeres". Un discurso delirante con el cual pretendía incitar a conversiones y rectificar algunas falsedades: "Ustedes creen que Jesús fue crucificado, pero no es verdad: Dios se lo llevó al cielo. Crucificaron a otro que se le parecía". Las jóvenes partieron con el Corán y el *Libro Verde* en la mano.

¿Una enésima provocación? La prensa y algunos políticos italianos se indignaron por esto y se preguntaron cuáles eran las verdaderas intenciones del dictador. Pero el director de la agencia, Alessandro Londero, fue categórico: ninguna muchacha había pasado la noche en la residencia. Las había contado y vuelto a contar. Se trató simplemente de una "velada de discusión apasionante sobre la religión y la cultura libia". ¿Discusión? ¡Por supuesto!, insistió cuando lo llamé por teléfono a Roma.

–Gadafi sintió que había un desconocimiento y una incomprensión con respecto a su país. Por eso, quiso acercar las culturas e instaurar un diálogo entre las juventudes de Libia y de Occidente. Le pidió al público que hiciera preguntas, y respondió con paciencia y claridad. ¡Le aseguro que para todas esas muchachas fue una experiencia única!

¿El islam?

–¡Ah, fue astuto! Él sabía que su llamado a convertirse al islam no provocaría una catarata de conversiones. ¡Pero estaba seguro de que las repercusiones mediáticas serían enormes!

De hecho, la experiencia se repitió, y en cuatro sesiones, más de mil bellas muchachas –el director me aclaró que también había algunos muchachos y algunas chicas "normales"– actuaron como un dócil auditorio para el dictador. Algunas pocas se manifestaron dispuestas a abrazar el islam y dieron sus números de teléfono, rápidamente anotados por el personal al acecho. Pero Gadafi no se limitó a eso. Estableció sólidos vínculos con la agencia de modelos que organizó una decena de viajes a Libia para grupos de doce a veintiséis personas. Estadías con todos los gastos pagos, para "profundizar el conocimiento de la cultura y del modo de vida libios". Vacaciones maravillosas, me contó una de las jóvenes, una actriz angloitaliana, encantada de poder compartir el desayuno del Guía, que consistía en leche de camella y dátiles, durante una escapada al desierto, y persuadida de que, decididamente, "se trata mejor a las mujeres en Libia que en ninguna otra parte". Algunas estaban tan convencidas que participaron, en Roma, en las manifestaciones contra los ataques de la OTAN, y un pequeño grupo, llevado por el director de la agencia, fue a Trípoli, en agosto de 2011, pagando sus propios gastos, para expresar su apoyo y desafiar las bombas. Alessandro Londero regresó conmocionado de ese viaje, llevando en su equipaje una carta, entregada por Abdallah Mansour: un pedido de ayuda que le escribió Gadafi el 5 de agosto a Berlusconi,

antes de su precipitada huida de Bab al Azizia. El director de una
agencia de modelos como mensajero final de un dictador en fuga...
Sin duda, un guiño de la historia.

# 8
## Mabruka

Desde mi primer encuentro con Soraya, en el otoño de 2010, me obsesionaba un nombre: Mabruka. Su sonoridad no me resultaba familiar, aunque sabía que *mabruk*, en árabe, significa "bendito", y se usa con frecuencia para festejar un acontecimiento. Pero el "Mabruka" de Soraya no tenía nada de alegre. Su voz grave lo pronunciaba con tanta dureza y sus ojos se llenaban de tantos recuerdos imposibles de compartir, que lo asocié a los colores más oscuros y a la encarnación del mal. ¿Quién era esa mujer dispuesta a todos los crímenes para satisfacer a su amo, que era un verdadero demente? ¿Qué relación mantenía con él? ¿Sumisión? ¿Fascinación? ¿Hechizo? ¿La ambición y la avidez por las riquezas y el poder constituían su motor, o debía verse en su celo por anticiparse a los deseos, las fantasías y las perversiones del dictador, resortes más complejos y más sombríos? ¿Ocultaba humillaciones personales y alguna herida secreta? ¿Se estaba vengando? ¿Cómo había sido su vida antes de Bab al Azizia?

Soraya no sabía nada, o muy poco, como para darme una pista. Mabruka había sido su secuestradora, su carcelera, su verdugo. Había destruido su vida a conciencia y en forma irreparable, y en cinco años, nunca había mostrado el menor gesto de humanidad o compasión. Esa mujer no podía ignorar las violaciones: las facilitaba. Conocía los insultos, los maltratos, el salvajismo: era testigo de todo y participaba de ello. Era, según me dijo un colaborador de Gadafi, "la madre-proxeneta en todo su horror". Y nadie dudaba de que ocasionalmente fue amante del dictador. Pero había que vivir en la intimidad del Guía para saberlo. Porque fuera de Bab al Azizia, Mabruka se daba grandes aires, se hacía pasar por una de las más cercanas consejeras del "hermano coronel" y logró engañar a más de un diplomático.

Me llevó un poco de tiempo descubrirla en algunas fotos de agencia. Se la veía a la sombra de Gadafi cuando él pisaba la alfombra roja que le tendían al bajar del avión en territorio extranjero. Les dejaba el lugar de honor a las pulposas amazonas, pero vigilaba la escena con sus ojos de ave rapaz, en un segundo plano, bajo un austero velo negro. Cabello castaño peinado hacia atrás, rasgos regulares, ni sombra de maquillaje, boca severa: me pareció apagada e insípida. Un embajador europeo me dijo que no lo era. Vestida con mal gusto, sin duda. Sin el menor signo visible de coquetería o lujo. Y "nunca establecía una relación de seducción". Pero a su juicio, "debió de haber sido bella", y le quedaba algo de eso. Le daba alrededor de cincuenta años.

Muchos jefes de Estado, ministros y diplomáticos se cruzaron con ella en algún viaje oficial, una cumbre africana, una conferencia internacional. Europeos, incluso franceses –por ejemplo, Cecilia Sarkozy–, la frecuentaron durante las largas negociaciones por la liberación de las enfermeras búlgaras injustamente acusadas por los libios de haber inoculado el virus del sida en niños. La presentaban como la encargada del protocolo, pero todos sabían de su proximidad, mejor dicho, de su intimidad con Gadafi. No cabía duda de que él la escuchaba y por lo tanto, la usaban para hacerle llegar mensajes. Por otra parte, a ella le gustaba mostrar que su poder iba más allá del ámbito del protocolo, que era "la mujer de confianza del Guía", que podía influir en los nombramientos de embajadores y otros cargos, y que su papel era cada vez más político. Alguna vez había telefoneado a la sede diplomática de París para pedir una aclaración sobre la política francesa en Malí o Níger. Se suponía que también influyó en el expediente de los tuaregs, a cuyos dirigentes en Libia conocía, y también en algunos países vecinos como Argelia, Malí, Níger y Mauritania. No hace falta aclarar que la trataban con el mayor respeto, aunque una nota de los servicios franceses, que la seguían en sus viajes a París, la presentaba como "cazadora" y un embajador me dijo fríamente: "Venía a hacer su shopping". ¿Shopping? "Conseguía jovencitas y se las enviaba a Gadafi". Sí, eso hacía. Se hospedaba en hoteles de lujo de Champs Elysées, por lo general, en una suite en el Fouquet's, y activaba todos sus contactos con un increíble aplomo. Un día se cruzó con Caroline Sarkozy, la media hermana del presidente, en una recepción. Al día siguiente, se presentó en su oficina, sin cita previa, con su traductor y su chofer de la embajada libia, para pedirle que le dedicara su libro de decoración a su amo. "Para nuestro Hermano Guía. Espero que disfrute de este libro sobre las bellas casas parisinas". Este libro fue hallado por los rebeldes en agosto de 2011 cuando entraron a Trípoli, en la lujosa residencia de Aisha, la hija mayor de Gadafi. La idea de Mabruka era, por supuesto, atraer algún día a esta hermosa mujer a la capital libia. Si sabía que alguna princesa de una corte árabe como Arabia Saudita o Kuwait se encontraba en París, la visitaba de inmediato en el hotel Ritz o en el Four Seasons. En una oportunidad, se encontró con la ministra de Justicia de Francia, Rachida Dati, de origen magrebí. Pidió volver a verla en el Fouquet's. Había elaborado también una lista de ministras y mujeres influyentes, en primer lugar, las de cultura musulmana, e iba de cita en cita. Llamaba por teléfono a Salma Milad, la militar, que permanecía en Trípoli junto a Gadafi: "Pídele al Hermano Guía que desbloquee dinero para la princesa X". O bien: "Envíame una caja de colgantes para esposas de embajadores". Hacía breves visitas a la tienda Sephora para comprar perfumes encargados por el harén y volvía a llamar a Salma para averiguar qué le faltaba al Guía. ¿Polvo, base de maquillaje, un corrector de ojeras de la marca norteamericana Mac? "Es para un hombre de cierta edad –le explicaba al vendedor–. Un señor de un estilo parecido al suyo". El joven empleado estaba muy lejos de imaginar que el destinatario de las cremas era Gadafi, y eso hacía reír a su traductora.

Pero Mabruka también encontraba tiempo para recorrer algunas tiendas de lujo, restaurantes o cafés, donde podía encontrar mujeres bonitas e iniciar una conversación. Prefería a las jóvenes del Magreb o del Golfo, pues podía abordarlas en árabe. Para las demás, utilizaba los servicios de un traductor, con mucha experiencia en esos casos: "¿Conoce Libia? ¡Oh, es un país que vale la pena conocer! ¿Le gustaría ir? ¡Puedo invitarla! ¡Hasta puedo arreglarle un encuentro con nuestro Guía!". Se tomaba fotos con sus potenciales víctimas y anotaba sus direcciones. Siempre estaba de caza y disponía de medios ilimitados. Me contaron el caso de una joven marroquí, a la que se acercó en un hotel: la muchacha aceptó su invitación a Libia, y, tras haber exigido viajar con su primo, volvió a Francia con 50.000 dólares.

Una noche, en Trípoli, un jefe tuareg que la había conocido en su juventud me reveló algunos datos fundamentales sobre el personaje de Mabruka. Estábamos en un restaurante de las inmediaciones de la ciudad vieja y me preparaba a saborear un cuscús de camello.

Pero incluso antes de que le mostrara mi carnet, ese hombre delgado de modales aristocráticos, que se sentía igualmente cómodo en sus pantalones bien cortados y su chaqueta de cachemira como vestido con una túnica y un turbante blancos, me tomó del brazo y, mirándome directo a los ojos, declaró con voz pausada y grave: "Esa mujer es un demonio". Guardó silencio durante un momento, como para acentuar el impacto de la palabra elegida, y luego prosiguió:

–Está habitada por el mal y posee una temible habilidad. No tiene problemas en recurrir a cualquier cosa para alcanzar su objetivo: mentiras, estafas, traiciones, corrupción, magia negra. No se arredra ante nada, zigzaguea como una culebra y es capaz de vender viento envasado.

El padre de Mabruka, del linaje de los Sherif, pertenecía a la nobleza tuareg, y había hecho un mal matrimonio al enamorarse de una mujer de extracción más baja que vivía en Ghat, una ciudad del sur de Libia, cerca de la frontera argelina y de Níger. La pareja tuvo dos hijas, Mabruka y su hermana mayor, y las entregó, para su crianza, a unos esclavos. Mi interlocutor me explicó que era una tradición: para conjurar al destino y "contrarrestar el espíritu del mal" cuando los padres han perdido niños pequeños con anterioridad. Mabruka se había comprometido, muy joven, con un tuareg de la nobleza, cuando un hombre de la tribu de Gadafi, Massoud Abdel Haffiz, ya casado con una prima del Guía, la tomó repentinamente por esposa. Era comandante de la región militar de Sebha: por un breve período, Mabruka pudo disfrutar de los innumerables privilegios de los allegados a Gadafi y le tomó el gusto a los viajes en condiciones lujosas. Pero ese militar de alto rango se divorció rápidamente de Mabruka, y esta regresó a su ciudad natal de Ghat. Contrariamente a la mayoría de las mujeres tuaregs, no usaba la ropa tradicional y se vestía a la manera occidental. "Pero sin ningún estilo", aclaró mi interlocutor. Se le conoció un romance con el dueño de un banco. Luego desapareció: "Subió a Trípoli". Ignoraba las circunstancias exactas de esa huida.

Una persona del servicio del protocolo me informó sobre eso. Porque Mabruka había trabajado allí en 1999, en ocasión de un congreso de jefes de Estados africanos al que Gadafi quería darle una magnitud y un lustre históricos, y en el que se firmó, el 9 de septiembre de 1999 (9/9/99) la famosa "declaración de Sirte", que fijó los objetivos de la Unión Africana. Participaron unos treinta jefes de Estado: eso representaba casi la misma cantidad de esposas a las que había que recibir en el aeropuerto y acompañar en sus desplazamientos (salón de belleza, compras, conferencias), y a las que necesariamente debían ofrecerles intérpretes. Desbordada por la tarea, la administración del protocolo se vio en la obligación de reclutar rápidamente a mujeres que hablaran toda clase de idiomas y dialectos africanos. Por esa pequeña puerta entró Mabruka, que sabía tuareg y hausa, un idioma que se habla especialmente en Níger y en Nigeria: así ingresó al círculo del poder.

–¡Pero tenía un aspecto deplorable! –recordaba la persona que la reclutó–. Parecía una campesina anticuada, sin la menor coquetería ni sofisticación. Probablemente fuera muy pobre. En todo caso, es lo que pensé. ¡Pero su mirada revelaba una fuerte voluntad!

Se realizó un breve curso para entrenar a las nuevas contratadas y darles consejos e instrucciones sobre su función, su lenguaje y su apariencia; les recomendaron usar un traje sastre moderno. Y en el primer día del congreso, Mabruka hizo su entrada a Bab al Azizia para acompañar a la delegación de Guinea que debía saludar a Gadafi. Fue suficiente. Esa misma noche, le dijo a su superior: "Encuentra a alguien para reemplazarme. A partir de hoy, trabajaré directamente para el Hermano Guía". Había triunfado.

La familia que la había acogido cuando llegó a Trípoli habló más tarde del empeño que ponía en buscar trabajo, y sobre todo, de su obstinación por conocer a Gadafi. "Bastará que lo vea una sola vez –decía–. ¡Una sola vez, y querrá tenerme a su servicio!". Todos explicaban su éxito por su práctica intensiva de la magia negra, más que por su encanto. Durante todos sus años de servicio junto a Gadafi, conoció en diferentes países –e invitó a Trípoli– a los brujos más importantes de África.

Así fue como poco a poco se convirtió en la soberana de una especie de harén integrado por muchachas cautivas, confinadas en el subsuelo de la residencia del Guía, que permanecían allí durante años, atrapadas y sin poder reintegrarse a la sociedad libia. Pero también era la proveedora oficial de víctimas sexuales; me contaron de qué manera evaluaba la musculatura de hombres muy jóvenes, en África, antes de llevarlos hacia Gadafi. Y finalmente, era la directora de lo que se llamaba "el servicio especial", esas muchachas uniformadas que supuestamente conformaban la brillante guardia personal del dictador. Desdichado el que llamara su atención o mencionara incidentalmente a una sobrina, una prima, una vecina. Desdichado el que llegara a Bab al Azizia a pedir un favor: vivienda, trabajo, asistencia médica... Mabruka solo esperaba una oportunidad para tender sus redes.

–Esa mujer era la vergüenza de la nación tuareg –me dijo uno de sus líderes–. Todos sabíamos qué significaba "el servicio especial". ¿Habrá aprovechado su situación para señalar a mujeres de nuestro pueblo? Era capaz de todo, pero no he oído testimonios sobre esto. Una mujer tuareg se mataría antes de confesar haber pasado por esa clase de experiencia.

Por supuesto, traté de saber dónde estaba Mabruka. A principios del invierno de 2011, me dijeron que había huido, como la mayoría de los que integraban el entorno de Gadafi, y que se encontraba en Argelia. Alguien creyó verla en Túnez. Luego, un despacho de una agencia me informó que había movilizado a muchas personalidades, especialmente entre los tuaregs, para intentar convencer a las autoridades argelinas de que le dieran asilo político. Este le fue negado. A comienzos de marzo de 2012, me enteré de que había "negociado" su regreso a Libia, y que ahora estaba bajo arresto domiciliario en Ghat y vivía con su madre. Encontrarme con ella, a pesar de mi insistencia, fue imposible. Pero ante mi gran sorpresa, Ahmed Mekta, el imponente jefe rebelde de Zintan que la había interrogado durante tres largas jornadas, parecía inclinarse por la indulgencia.

–Se mostró muy arrepentida e incluso pidió perdón –me dijo–. Me aseguró que no actuó por su propia voluntad. ¡En esa época, nadie era libre! Y además, trabajaba en el protocolo. ¡No era ella quien le llevaba muchachas a Gadafi! La vi muy apegada a su anciana madre, y me dio la impresión de ser una buena persona a la que le quieren cargar un fardo demasiado pesado.

Una buena persona… No daba crédito a mis oídos. ¿Había logrado convencer a sus carceleros? ¿Debería transmitirles el testimonio de Soraya?

# 9
## ARMA DE GUERRA

Muchas veces los periodistas escriben artículos que no caen bien. Después de todo, su vocación es abordar temas que molestan, sacar a la luz informaciones que perturban, verdades que enfurecen. "Nuestra profesión no está para agradar, tampoco para hacer daño. Está para meter la pluma en la herida", escribió Albert Londres, la figura tutelar de los grandes reporteros francófonos. Yo no pensaba escribir un libro que nadie aceptaría en Libia.

Mientras avanzaba en mi investigación, los pocos amigos libios que me apoyaban fueron insultados y amenazados. Y en el más alto nivel del Estado, se habló de ofensa. Como la violación de una muchacha provoca el deshonor de toda su familia, y en particular el de los hombres de esa familia, la violación de miles de mujeres por parte del ex líder del país suscitaría el deshonor de toda la nación. Una idea demasiado dolorosa. Una hipótesis insostenible. ¿Qué país podría soportar que la indignidad manchara a todos los hombres, culpables de no haber sabido proteger a sus esposas, sus hijas o sus hermanas de un tirano depredador? ¡Vamos! Es preferible barrer todo debajo de la alfombra bereber y taparse los ojos con la venda de la palabra "tabú", alegando la preservación de la intimidad de las víctimas. O bien, negar. Mirar hacia otro lado. Nada más fácil. La inmensa mayoría de las víctimas del dictador jamás se darán a conocer. ¡Y con justa razón! En cuanto a las "hijas de Gadafi", sus guardaespaldas femeninas, su "servicio especial", su harén, cuyas integrantes escaparon en su mayoría, bastará decir que eran mujeres de mala vida, prostitutas que adoraban el lujo, los viajes y la lujuria que les ofrecía el dictador y que, en general, han sido repudiadas por sus familias. Considerarlas parejas del Guía, en vez de víctimas. Incluso cómplices, carentes de toda moralidad... Sí: negar parece ser la tentación de los actuales amos de Libia. Ofrece la ventaja de ocultar los secretitos sucios y la enorme cobardía de un puñado de hombres, ayer sirvientes del amo del país y complacientes con él, hoy celosos revolucionarios que sostienen el nuevo poder. Ellos prefieren el silencio. No hablar de las violaciones. Olvidar a las mujeres. Soraya, Libya, Jadiya, Leila, Huda, las otras... que saben demasiado. Estas "valerosas", "heroicas", "ejemplares" víctimas de guerra esperan del nuevo Estado reconocimiento y consuelo. De los hombres, sin duda.

Seamos justos: hay algunas excepciones. Mohammed al Alagi es una. Conocerlo, cuando estaba llena de dudas y toda Libia me parecía hostil, amurallada en su silencio, me devolvió la energía. Fue una noche de domingo del mes de marzo, en un café del centro de Trípoli. Un taxi me depositó allí después de un alegre recorrido en cuyo transcurso el chofer me comentó con humor las caricaturas de Gadafi pintadas en las paredes de la ciudad. Un Gadafi grotesco, a veces lúbrico y otras, sanguinario, con sus cabellos hirsutos y a menudo... disfrazado de mujer.

–¿Sabe por qué? –me preguntó el joven, ex rebelde, mientras me reía frente al dibujo del dictador vestido con una bata verde, un collar de perlas alrededor del cuello, pestañas postizas arqueadas y los labios escarlatas–. ¡Era un marica! Les pedía a los jóvenes guardias que bailaran para él vestidos de mujer.

Este lenguaje audaz me dejó pasmada, mucho más que la información en sí misma, que ya me había dado Soraya y un ex guardia de Bab al Azizia: este tenía un joven colega que, con vergüenza, se prestaba a ese tipo de sesiones.

Mohammed al Alagi me esperaba sentado ante un té de menta, en compañía de un amigo abogado. Ex ministro de Justicia interino, hoy presidente del Consejo Supremo de Libertades Públicas y Derechos Humanos de Libia, había presidido durante mucho tiempo la asociación de abogados de Trípoli y gozaba del respeto de sus colegas y de los observadores de ONG extranjeras, con las que siempre había mantenido contacto. Era de corta estatura, llevaba una gorra sobre un rostro redondo y suave adornado por un pequeño bigote y con ojos vivaces y francos. Al menos él no decía trivialidades. ¡Qué contraste después de tantas entrevistas con personalidades que se miraban el ombligo, todas ellas aturdidas por su nuevo poder!

–Gadafi violó. Violó él mismo, en gran escala, y ordenó violaciones. De hombres, de mujeres. Era un monstruo sexual, perverso y de una gran violencia. Recibí testimonios muy pronto. Algunas abogadas, ellas mismas violadas, me lo contaron, como amigo, como hombre de ley. Yo compartía su dolor, pero no podía hacer nada. No se atrevían a ir a ver al procurador general. Presentar una demanda las condenaba a muerte. ¿Vio usted en internet los videos de los atroces linchamientos de unos oficiales que se atrevieron a rebelarse contra la violación de sus esposas por parte del Guía? ¡Ese tipo era una bestia! –Sacudía la cabeza, con los hombros encogidos y las dos manos rodeando su vaso de té hirviendo–. Los últimos días de su vida, acosado, ya sin recursos, ni siquiera se contenía. Agredió sexualmente a varones de diecisiete años delante de sus fieles guardias. ¡En cualquier parte! ¡Brutalmente! ¡Como un zorro! Tenemos testimonios coincidentes. Y me niego a decir, como hacen algunos, que esos actos pertenecían a su vida privada. Eso no era hacer el amor. Era cometer un crimen. Y, para mí, la violación es el más grave de todos los crímenes.

Le hablé de Soraya, del subsuelo, de sus sufrimientos pasados, de su angustia actual. Me hacía bien contarlo frente a un oído atento. Durante toda mi larga investigación, no hice más que pensar en ella. Mohammed al Alagi escuchó asintiendo con la cabeza. No dudó un solo instante de lo que le contaba. Le pareció muy valioso que ella hubiera tenido la fuerza de dar su testimonio.

–Quiero justicia para cada víctima de Gadafi –dijo–. Es lo menos que se puede hacer. Debe ser un objetivo para el nuevo régimen. Quiero que se investigue, quiero audiencias públicas, condenas, reparaciones. Para seguir adelante, volver a unir a la sociedad, construir un Estado, el pueblo libio debe saber qué pasó durante cuarenta y dos años. Ahorcamientos, torturas, secuestros, asesinatos en masa, crímenes sexuales de todo tipo. Nadie tiene idea de lo que hemos sufrido. No se trata de revancha, ni siquiera de castigo. Más bien de catarsis.

Sería complicado, por supuesto. No lo negaba. Les faltaban medios, estructuras, coordinación. El nuevo gobierno ignoraba la cantidad exacta de lugares de detención. La mayoría de las prisiones estaban en manos de milicias armadas. El sistema judicial estaba lejos de haberse organizado. Pero había que exigir transparencia, y ningún crimen debía permanecer en las sombras.

Se estaba haciendo muy tarde. Él debía irse. Pero pronuncié la palabra "esclava" al hablar de Soraya y montó en cólera.

–¡Gadafi nos tomó a todos por esclavos! ¡Vomitó sobre su pueblo todos sus sufrimientos pasados, destruyendo nuestra cultura, desechando nuestra historia, imponiéndole a Trípoli la nada del desierto! Algunos occidentales se maravillaban ante su presunta cultura, cuando en realidad él despreciaba el saber y el conocimiento. ¡Él mismo tenía que ser el centro del mundo! Sí: corrompió a la sociedad libia, convirtiendo a su población al mismo tiempo en cómplice y víctima, y transformando a sus ministros en marionetas y zombis. Sí: el sexo fue en Libia un instrumento de poder: "Te callas y me obedeces. Si no, te violo a ti, violo a tu esposa o a tus hijos". Y lo hacía, condenando a todo el mundo al silencio. La violación fue un arma política, antes de ser un arma de guerra.

¡Qué distinto era este hombre de todos los políticos que había entrevistado! Y contrariamente a la mayoría de mis interlocutores, no temía que mencionara su nombre. Nos introdujimos entonces en el terreno minado de las violaciones perpetradas por las tropas de Gadafi durante la revolución. Hubo centenares. En todas las ciudades ocupadas por las milicias y los mercenarios del dictador. También en sus prisiones. Violaciones colectivas, cometidas por hombres alcoholizados o bajo el efecto de sustancias, filmadas con teléfonos móviles. La Corte Penal Internacional, que emitió en junio de 2011 una orden de captura contra el dictador, había denunciado mucho antes la existencia de esa política sistemática de violaciones, pero era muy difícil reunir las pruebas y encontrar a las víctimas. Las mujeres no hablaban. Los médicos, psicólogos, abogados y asociaciones femeninas que querían ayudarlas tenían dificultades para contactarse con ellas. Se escondían, replegadas en su vergüenza y su dolor. Algunas habían preferido huir. Otras fueron despreciadas por sus familias. Otras se casaron con rebeldes que se ofrecieron como voluntarios para salvar el honor de esas "víctimas de guerra". Me contaron que hubo casos excepcionales de mujeres asesinadas por sus hermanos agraviados. Por último, durante los meses de invierno, algunas mujeres dieron a luz en el mayor secreto. Y con una inmensa angustia.

Gracias a una red de mujeres abnegadas y eficientes, y muy discretas, pude conocer a algunas de esas mujeres profundamente traumatizadas, y asistir, en el hospital, a adopciones de bebés que eran productos de esas violaciones. Momentos inolvidables en los que, en pocos segundos, el niño cambiaba de manos. Y de destino. Y en los que luego, la mamá —a menudo adolescente— se marchaba; sin su carga, pero atormentada para siempre. En una prisión de Misrata, también entrevisté a violadores. Dos pobres tipos de veintidós y veintinueve años, enrolados en las tropas de Gadafi, que temblaban, desviando la mirada, al contar en detalle su infamia. Dijeron que obedecían órdenes. Les daban "píldoras que hacen enloquecer", junto con aguardiente y hachís. Y sus jefes los amenazaban con armas.

—A veces violábamos a toda la familia. Niñas de ocho, nueve años, muchachas de veinte, su mamá, en ocasiones delante de un abuelo. Ellas gritaban, nosotros las golpeábamos con fuerza. Todavía oigo sus gritos. ¡No puedo decirle cuanto sufrían! Pero el jefe de brigada insistía: ¡violen, golpeen y filmen! Les enviaremos las filmaciones a sus hombres. ¡Sabemos cómo humillar a esos imbéciles!

El primero maldijo a Gadafi y suplicó que no le contaran a su madre de qué lo acusaban. El segundo, lagrimeando, aseguró que lo carcomía el remordimiento y no hallaba sosiego. Leía el Corán y oraba día y noche, había denunciado a todos sus jefes y se declaraba dispuesto a recibir cualquier castigo. Incluso la muerte.

—La orden venía desde lo más alto —me confirmó Mohammed al Alagi—. Sobre eso, tenemos los testimonios de la gente más cercana a Gadafi. Yo mismo le oí decir a su ex ministro de Relaciones Exteriores, Musa Kusa, que lo había visto ordenarles a los jefes de los kataebs: "Primero violar y después matar". Era coherente con su costumbre de gobernar y destruir por medio del sexo.

¿Se necesitaban más pruebas de que era una estrategia, de que había premeditación? Existían. Se encontraron centenares de cajas de Viagra en Bengasi, Misrata, Zuara, e incluso en la montaña. "Había Viagra en todos los lugares en los que se establecían sus milicias. Y descubrimos órdenes de compra prepagas, firmadas por el Estado libio... Como le dije: ¡era un arma de guerra!".

Por momentos, Muamar el Gadafi se consideraba a sí mismo un escritor y había publicado, en 1993 y 1994, dieciséis relatos abundantes en arrebatos líricos, trivialidades sobre magia, la muerte, además de un sinfín de ideas delirantes. "Reflejaban sus propias angustias", recordó Mohammed al Alagi, impresionado por ese terror a la multitud que el dictador confesaba en su libro *Escape al infierno*, y que resultó ser tan premonitorio.

Esas multitudes inclementes, incluso hacia sus salvadores: siento que me persiguen... ¡Qué afectuosas son en los momentos de alegría, cuando incluso llevan a sus niños consigo! Estuvieron con Aníbal y Pericles... Savonarola, Danton y Robespierre... Mussolini y Nixon... ¡Y qué crueles son en los momentos de cólera! Complotaron contra Aníbal y le hicieron beber veneno, quemaron a Savonarola en la hoguera... enviaron a Danton al cadalso... fracturaron las mandíbulas de Robespierre, su amado orador, arrastraron el cuerpo de Mussolini por las calles, escupieron en la cara a Nixon cuando se fue de la Casa Blanca, ¡cuando lo habían llevado allí entre aplausos! –Y el dictador agregaba–: ¡Cómo me gusta la libertad de las multitudes, su ímpetu entusiasta al romper sus cadenas, cuando lanzan gritos de alegría y cantan después de sus lamentos del dolor! ¡Pero cómo les temo y desconfío de ellas! Amo a las multitudes como amo a mi padre, y les temo como le temo a él. ¿Quién sería capaz, en una sociedad beduina sin gobierno, de impedir la venganza de un padre contra uno de sus hijos?...

En efecto, la multitud se vengó. Cuando me encontraba en Trípoli, muchas veces sorprendí a los libios contemplando con una mezcla de horror y fascinación las imágenes caóticas que mostraban la agonía de Muamar el Gadafi entre los gritos de triunfo de los combatientes. Para exaltar la epopeya, se agregaron cantos revolucionarios al montaje de las secuencias filmadas con teléfonos móviles. Pero hubo una imagen que los rebeldes no se atrevieron a incluir en la mayoría de las películas. Una imagen que me mostraron dos mujeres en su teléfono móvil, algunos días después de la muerte de Gadafi, poniendo un dedo sobre sus labios como si se tratara de un secreto. La pantalla era pequeña y la foto, un poco borrosa. No podía creer lo que veían mis ojos. Estaba tan horrorizada que creí equivocarme. Pero no: era eso. Antes del linchamiento, de los golpes, los disparos y los empujones, un rebelde introdujo brutalmente un palo de madera o de metal entre las nalgas del dictador caído, que empezó a sangrar. "¡Violado!", me susurró una de las mujeres, sin una pizca de pesar.

Un abogado de Misrata me lo confirmó más tarde. "¡Tantos libios se sintieron vengados por ese gesto simbólico! Antes de su cita con la muerte, el violador fue violado".

# EPÍLOGO

El verano volvió rápidamente a Trípoli la Blanca, mientras que el invierno, en París, se prolongó en una primavera helada. Al menos es lo que me pareció. En París, el cielo estaba gris y bajo, la lluvia era desesperante y el horizonte se había obstruido. Y por momentos, lamentaba no haberme quedado a escribir allá, a plena luz, frente al Mediterráneo, la historia de Soraya y del secreto de Gadafi que nadie, todavía, mencionaba. La verdad es que había huido. Demasiadas presiones y tensiones, silencios tóxicos, confidencias envenenadas. Necesitaba urgentemente tomar distancia, y releer mis notas lejos de Libia y de esa angustia que seguía torturando a mis interlocutoras. Pero la distancia era relativa. Aunque escribía en París, mi espíritu permanecía en Trípoli y estaba siempre a la espera de noticias de Soraya. Ella tanteaba, tropezaba, se deprimía, luego recobraba la esperanza, infantil, desprovista de disciplina, sin saber qué hacer con su pasado tan obsesionante, con ese secreto tan incómodo. La palabra "futuro" aún no tenía para ella ningún sentido. Su obsesión cotidiana eran sus cigarrillos, sus tres paquetes de Slims sin los cuales ya no podía vivir. Y yo repasaba con indignación la escena en la que el tirano le puso por la fuerza el primer cigarrillo en la boca. "¡Aspira! ¡Traga el humo! ¡Traga!".

Todos los días, internet me daba la medida de la creciente impaciencia de los libios contra el régimen provisional. Seguían sacando petróleo, y su producción estaba alcanzando casi el nivel anterior a la revolución. Pero el pueblo no percibía ningún beneficio. Todo el país estaba como en suspenso. No había un gobierno legítimo, ni legislatura, ni gobernadores provinciales, ni ejército nacional, ni policía, ni sindicatos. En una palabra: no había Estado. Los servicios públicos no funcionaban, los hospitales estaban desabastecidos, crecían las sospechas de corrupción. Lejos de disolverse o de integrarse a una estructura nacional, las milicias formadas por ex rebeldes reforzaban su poder, dictaban sus propias reglas y conservaban celosamente a sus prisioneros en innumerables lugares diseminados por el territorio. De vez en cuando, se producían riñas entre sus miembros, sin contar la irrupción de un nuevo tipo de conflictos vinculados a la propiedad. ¡Ah, el legado de Gadafi! A fines de la década del setenta, había nacionalizado una gran cantidad de tierras, inmuebles, fábricas, mansiones. Y ahora aparecían los antiguos propietarios, con sus títulos de propiedad que databan de la ocupación italiana o de la época otomana, y pretendían recuperar sus bienes de inmediato. Incluso por las armas.

¿Las mujeres? Quizá fueran la única luz de esperanza. Volvían a caminar con la cabeza erguida, levantaban el tono, reclamaban por fin su lugar. Sentían que les habían crecido alas y estaban dispuestas a todas las audacias. Su participación en la revolución había sido tan masiva que contribuyeron a darle legitimidad y fundamento, y ahora deseaban recoger los frutos en términos de libertad, expresión y representación. Pensaban que ya no podían mantenerlas al margen.

–Es como después de las guerras mundiales –me dijo Alaa Murabit, una brillante estudiante de medicina educada en Canadá por padres disidentes, pero que había regresado a Libia siete años atrás–. Las mujeres enfrentaron el miedo, los riesgos, las responsabilidades. En ausencia de los hombres, debieron salir de sus casas en las que solían estar confinadas, y le tomaron el gusto al hecho de convertirse en miembros activos de la sociedad. Entonces, ¡basta de ser tratadas como ciudadanos de segunda clase! Tenemos derechos y nos haremos oír.

Sin duda, la era Gadafi les había abierto las puertas de la universidad, y el entrenamiento militar organizado en el liceo con instructores masculinos rompió un tabú y convenció a sus padres de que ellas podían frecuentar a algunos hombres, sin demasiados riesgos. De modo que las jóvenes fueron a estudiar, con éxito –medicina, derecho–, y obtuvieron las mejores notas. Aunque su frustración fue igualmente grande luego, al ver que no podían construir una carrera prestigiosa. Desdichadas las que lograban salir del común, alcanzar un puesto importante y destacarse, de cualquier manera que fuese: Gadafi y su banda (comandantes, gobernadores, ministros...) estaban al acecho. Cuando una mujer les llamaba la atención, la usaban sin el menor escrúpulo. Violaciones, secuestros, matrimonios forzados...

–Usted no se imagina el miedo que tenían las muchachas de parecer demasiado brillantes, demasiado inteligentes, demasiado talentosas o demasiado bonitas –me dijo la jurista Hannah al Galal, oriunda de Bengasi–. Evitaban tomar la palabra en público, renunciaban a puestos de notoriedad y restringían sus ambiciones. Incluso renunciaban a la coquetería: abandonaron las faldas cortas y las blusas de moda en la década del sesenta, y adoptaron el velo y la ropa amplia que ocultaba su cuerpo. La actitud "bajo perfil" era una regla de oro. En muchas asambleas y reuniones, las mujeres eran como fantasmas.

Esa época simplemente había terminado. O más bien, tenían la esperanza de que hubiera terminado. En la Libia post Gadafi, las mujeres recuperaron su ambición –profesional, económica, política–, aunque eran conscientes de que las mentalidades no podían cambiar de la noche a la mañana. La vieja guardia vigilaba. ¿La prueba? El famoso discurso pronunciado el 23 de octubre de 2011, el día de la proclamación oficial de la liberación del país, por el presidente del Consejo Nacional de Transición (CNT), Mustafa Abdul Jalil. Decenas de miles de personas habían viajado para asistir a la ceremonia que se llevó a cabo en la plaza más importante de Bengasi, solo tres días después de la muerte del dictador. Millones de pantallas reunieron en todo el país a familias conmocionadas por la trascendencia del acontecimiento. Libia clamaba su fe en la democracia. Todos retenían el aliento. Y las mujeres, sin decirlo, esperaban un gesto, una mención de las ofensas pasadas, y quizás un homenaje. Sintieron una gran decepción.

Ni una palabra sobre su sufrimiento ni sobre su aporte a la revolución. Ni una sola alusión al papel que deberían desempeñar en la nueva Libia. ¡Ah, sí! Me olvidaba: una breve mención a las madres, hermanas o hijas de los magníficos combatientes a los que la patria les debía tanto. Y el anuncio de que, para respetar la ley de la sharía –el código detallado de conductas y normas relativas al culto, los criterios de la moral, las cosas permitidas o prohibidas–, ahora referencia suprema en materia de derecho, la poligamia ya no incluiría para los hombres la obligación –instaurada por Gadafi– de pedirle autorización a su primera esposa para casarse con una segunda. Eso era todo. Una bofetada para las mujeres atentas que, desde el comienzo de la ceremonia, intentaban en vano distinguir alguna silueta femenina en las tribunas oficiales, donde se pavoneaba una multitud de hombres vestidos con traje y corbata, orgullosos de encarnar el cambio.

—¡Yo estaba enojada, furiosa, indignada! —me dijo poco después Naima Gebril, jueza del tribunal de apelaciones de Bengasi–. ¡Qué discurso catastrófico! Se lo aseguro: me hizo llorar. ¿Todo eso para nada? —se preguntaba junto con muchas otras–. Esa lucha de nuestras madres y nuestras abuelas para tener derecho a la educación, al trabajo, al respeto. Esa energía puesta en nuestros estudios para vencer las discriminaciones y ejercer libremente nuestras profesiones. Y luego, ese compromiso total con la revolución, desde el primer día, incluso cuando la mayoría de los hombres tenían miedo de salir. ¿Todo eso para que renieguen de nosotras el día de la liberación? ¡Qué vergüenza!

Qué vergüenza, sí. Todas lo sintieron de ese modo.

—¿Se acuerda de la enorme cantidad de imágenes que mostraban las delegaciones del Consejo Nacional de Transición en gira por las capitales occidentales? —me preguntó la que fue la primera mujer nombrada juez en Bengasi en 1975–. ¡No se veía ni una sola mujer!

¿Y la visita de Hillary Clinton a Trípoli, el día anterior a la captura de Gadafi? "¡Ni una sola mujer libia para recibirla!". De hecho, la secretaria de Estado norteamericana se enojó públicamente e insistió en la necesaria igualdad de derechos entre hombres y mujeres.

—¡Fue tan humillante! —se lamentó la universitaria Amel Jerary–. Ningún hombre, nunca, nos incluirá en la foto ni se hará a un lado para dejarnos un lugar en un estrado. Deberemos imponernos por la fuerza, y le aseguro que las acciones de las mujeres resultarán fundamentales.

En todas partes se crearon agrupaciones de mujeres. En forma de clubes, asociaciones, ONG. Se unieron en redes profesionales, amistosas, regionales. Las pequeñas células clandestinas formadas durante la revolución se convirtieron en organizaciones al servicio de las mujeres, de los niños, de los heridos, de la reconciliación. Ellas suplieron muchos servicios que no funcionaban y la cruel falta de acción del gobierno. Realizaron cursos de instrucción cívica para hablar de los derechos y la responsabilidad de las mujeres en una democracia: "Votar es un privilegio. Aprovéchenlo. ¡Ahora deben participar!". Y estaban ansiosas por transformar esa presencia en un *lobby* político. Porque sabían perfectamente que de eso dependía su emancipación.

Bastaba hacer un breve recorrido por Facebook para ver la abundancia de grupos femeninos, la vitalidad de sus discusiones sobre el futuro de las mujeres libias, su voluntad de informarse sobre la situación de las mujeres en los demás países de las revoluciones árabes y de coordinar acciones con ellas lo antes posible. Sí: estaban llenas de esperanza. Comentaban la ley electoral. Debatían si los cupos eran o no oportunos. Exigían que hubiera mujeres ministras, embajadoras, directoras de bancos, de empresas públicas y de administración, dejando en claro que ellas, al menos, "no se habían contaminado con el sistema Gadafi". ¡Leerlas era tan alentador, tan refrescante! Me causaba gracia ver que publicaban sus fotos enarbolando sus nuevos documentos electorales. ¡Tenían toda la intención de usarlos!

Mostraban sus pasiones. Pero también confesaban sus tristezas. El 18 de mayo, una joven a la que conocí por su activismo, publicó en Facebook un mensaje un poco más frívolo... y decepcionado: "Es viernes y el clima es fabuloso. Pero por ser una mujer en Libia, estoy encerrada en casa y deprimida porque no me permiten ir a la playa. ¿Por qué no hay playas para mujeres? ¿No tenemos suficientes costas? ¿Cuántas de ustedes, muchachas, sienten lo mismo que yo?". ¿Cuántas? ¡Miles!

–¡Es tan injusto! –respondió de inmediato una de ellas.

–¡Yo vivía en una calle que daba directamente a la playa y ni siquiera tenía derecho a pisarla! –escribió otra.

–¡Totalmente inaceptable! –apoyó una multitud de internautas.

–Ni siquiera tiene que ver con la ley. ¡Es una de las tragedias de este país!

–¡Sin embargo, yo recuerdo una época en que nadaba en bikini!

–¿¿¿En bikini ???

Soraya no va a la playa. No navega por internet. No tiene cuenta de Facebook. Ni siquiera tiene amigas con quienes compartir sus enojos o ir a anotarse en una lista para las elecciones. Pero conserva la esperanza de que los crímenes sexuales de Gadafi no se olviden.

–¡No lo soñé, Annick! Tú me crees, ¿verdad? Los nombres, las fechas, los lugares. Lo conté todo. ¡Pero quiero testimoniar frente a un tribunal! ¿Por qué debo tener vergüenza? ¿Por qué tengo que esconderme? ¿Por qué debería pagar por el mal que él me hizo?

Su indignación es la mía. Y me habría gustado compartirla con otras mujeres libias: magistradas, abogadas, allegadas al CNT, defensoras de los derechos humanos. Pero lamentablemente, por el momento, ninguna asume esa lucha. Es un tema demasiado sensible. Demasiado tabú. Nada para ganar. Todo para perder. En un país que está totalmente en manos de los hombres, los crímenes sexuales no serán debatidos ni juzgados. Las que lleven esos mensajes serán declaradas impertinentes o mentirosas. Para sobrevivir, las víctimas deberán mantenerse ocultas.

La única mujer miembro del CNT, la jurista Salwa el Daghili, me escuchó atentamente cuando le conté la historia de Soraya.

–¡Muy valiente, la pequeña! –me dijo, meneando la cabeza–. Es crucial que su historia sea conocida. Ese es el verdadero rostro del hombre que gobernó Libia durante cuarenta y dos años. Así fue como gobernó, despreció y sojuzgó a su pueblo. Se necesitan pioneras como Soraya que se atrevan a contar la tragedia de las mujeres y lo que realmente vivió el país. Pero si habla, corre grandes riesgos. –Tomaba notas, con su rostro acongojado bajo un pañuelo rosa pálido y su iPhone vibrando en su cartera Louis Vuitton–. El tema es tabú: seguramente ya le dijeron esto. Ansío con todas mis fuerzas que protejan a Soraya, que es una víctima más. Hay muchas otras. Pero yo no puedo comprometerme a sacar ese expediente.

Nadie lo haría. Y en todo el mundo, muchas mujeres seguirán calladas. Víctimas avergonzadas de un crimen que hace de su vientre un objeto de poder o un botín de guerra. Víctimas de depredadores hacia los cuales nuestras sociedades, desde las más bárbaras hasta las más sofisticadas, siguen mostrando una lamentable indulgencia.

* * * * *

Antes de abandonar Trípoli a fines de marzo, quise recorrer por última vez Bab al Azizia. No quedaba gran cosa de lo que durante tanto tiempo había simbolizado el poder absoluto del amo de Libia. Las topadoras habían derribado las paredes, demolido la mayoría de los edificios y transformado la residencia en un montón de piedras, hormigón y chapas. Tras la última batalla, las hordas habían saqueado el lugar y no subsistía nada, absolutamente nada, que recordara una presencia humana. Salía humo de las montañas de desechos que la población iba a depositar allí, a falta de una recolección organizada, y las palmeras se alzaban tristes junto a una piscina llena de agua salobre. El cielo estaba plomizo, los cuervos vigilaban el lugar, encaramados sobre los restos de las murallas y yo caminaba sin rumbo, por un lugar de desastre. Las señales de las que me había hablado un ex guardia de Gadafi habían sido destruidas. Me perdí. Pero no importaba. Avancé, intentando encontrar en ese decorado mineral, algún indicio que me recordara a Soraya.

Me crucé con un rebelde que recorría el lugar −tal vez lo cuidaba− y me indicó la entrada a un subsuelo. Algunos peldaños de cemento, una enorme puerta verde, blindada, como si fuera una caja fuerte, y un túnel por el cual el hombre me guió con una antorcha durante unos cien metros. Al escalar por unas pilas de hormigón, a la salida del túnel, descubrí, entre dos piedras y debajo de una kaláshnikov calcinada, un casete roto. Era extraño y absurdo. El título, escrito en árabe, estaba incompleto, y cuando se lo di al rebelde, me dijo simplemente: "¡Música!". ¿Podía ser una grabación de las canciones almibaradas con las que Gadafi hacía bailar a Soraya? Lo guardé en mi bolsillo y seguí caminando. Un poco más lejos, me llamó la atención una grieta en el suelo. ¿Por qué me detuve? Había muchas grietas, que recordaban los combates del mes de agosto o simplemente indicaban un lugar subterráneo. Me incliné sobre esa abertura. En el fondo, había un objeto de color rojo. No pude identificarlo; todo estaba tan gris alrededor... Tomé un trozo de rama y me tendí en el piso para intentar enganchar ese objeto. Fue fácil: era de tela. Y, de las entrañas de Bab al Azizia, salió a la superficie un corpiño de encaje rojo. Como los que Soraya estaba obligada a usar.

Por primera vez desde el comienzo de ese viaje, tuve deseos de llorar.

# CRONOLOGÍA

1911       Comienzo de la ocupación italiana en Libia.
1943-1951  Tutela internacional.
1951       Proclamación del Estado Libio, monarquía del rey Idris I.
1969       Golpe de Estado del coronel Gadafi, que tenía en ese momento veintisiete años.
1976       Publicación del *Libro Verde*.
1977       Proclamación de la Yamahiriya, literalmente "Estado de masas".
1986       Raid norteamericano sobre las residencias de Gadafi en Trípoli y Bengasi.
1988       Explosión del Boeing 747 de Pan Am sobre Lockerbie.
1989       Explosión del DC 10 de UTA sobre Niger.
2001       Nuevo posicionamiento de Gadafi contra el terrorismo tras el 11 de septiembre.
2004       Levantamiento de parte de las sanciones norteamericanas y de las sanciones europeas.

17 de febrero de 2011. Inicio de la revolución.

20 de octubre de 2011. Captura y muerte de Gadafi.

# AGRADECIMIENTOS

Esta investigación le debe mucho a una valiente mujer libia, independiente y apasionada. Una jefa rebelde, comprometida en cuerpo y alma con la revolución desde el primer día, y que corrió muchos riesgos para ayudar, con discreción y modestia, a las mujeres más desamparadas, las que sufrieron ese crimen execrable, perpetrado u ordenado por el propio Gadafi, y que a Libia aún le cuesta reconocer. Una combatiente que, a pesar de las presiones y las amenazas, sigue eligiendo la causa de las mujeres. A ella quiero expresarle toda mi gratitud.

Tengo la suerte de trabajar –desde hace treinta años, desde siempre– en un diario al que me siento profundamente unida, y que me otorgó tiempo y su confianza para llevar a cabo este proyecto. Muchas gracias a los directivos de *Le Monde*.